AF210309

Bad König, den 3.Juni 1961

Fräulein

Airi H o m e

Viinijärvi /Finnland

–.–.–.–.–.–.–.–.–.–

Sehr geehrtes Fräulein Home !

Ich danke Ihnen für Ihre Zuschrift vom 25.5.61 und wäre bereit,
Sie ab sofort in meinem Cafe- und Pensionsbetrieb einzustellen.

Voraussetzung wäre jedoch, daß Sie wenigstens 1 Jahr hierblei-
ben könnten, da ich Sie für mein 2. Cafe, welches im Ortszen-
trum liegt, anlernen möchte.

Geboten werden Ihnen ein angenehmes Arbeitsklima, Familien-
anschluß und ein angemessener Lohn entsprechend Ihren Lei-
stungen.

Ihrer umgehenden Rückantwort, der Sie bitte ein Foto beilegen
wollen, sehe ich gern entgegen.

Mit freundlichen Grüßen

© Airi Pyykkö, 2016
Toinen painos
Kustannustoimittaja: Janne Pyykkö
Graafinen suunnittelu ja taitto: Sanna Pyykkö

ISBN: 978-952-330-704-9

Kustantaja: BoD – Books on Demand, Helsinki, Suomi
Valmistaja: BoD – Books on Demand, Norderstedt, Saksa

MUISTOISSANI
Haus Birkenhöh

AIRI PYYKKÖ

ESIPUHE

Sydämelliset kiitokset kahdelle tämän kirjan valmistumiseen vaikuttaneelle tärkeälle henkilölle:

Poikani Janne inspiroi minut muistelemaan, hyvänä suomen kielen taitajana taikoi tekstin iskevämmäksi ja pisti kerrontaan sujuvuutta ja vauhtia.

Tyttäreni Sanna taiteilijan silmin sommitteli valokuvat oikeille paikoilleen ja loi koko kirjaan hienon visuaalisen ilmeen.

Bad König, den 23.6.61

Fräulein

Airi H o m e

Viinijärvi /Finnland

-.-.-.-.-.-.-.-.-

Sehr geehrtes Fräulein Home !

Ich danke Ihnen für Ihre prompte Antwort und wir freuen uns, daß Sie zu uns nach Deutschland kommen wollen. Es wird Ihnen bestimmt bei uns gefallen.

Ein bestimmtes Arbeitskleid ist nicht vorgesehen. Einen dunklen Rock und weiße Bluse werden Sie ja sicher haben. Sollten Sie im Besitz von weißen Schürzen oder Kitteln sein, so bringen Sie diese auch mit, andernfalls kann man die auch hier beschaffen.

Als Nettogrundlohn hatten wir an DM 50,-- gedacht. Kost und Logis sind frei. Außerdem werden von uns auch sämtliche Sozialabgaben, wie Krankenkasse usw. bezahlt.

Die gewünschte Arbeitserlaubnis erhalten Sie anbei, damit dürfte Ihrer Anreise nach hier ja nichts mehr im Wege stehen. Wir erwarten Sie spätestens Anfang Juli hier, da wir z.Zt. Hochsaison haben.

Mit freundlichen Grüßen

Frau M. Gaigasut.

pt. Arbeitserlaubnis

4

Kotiimme Viinijärvelle Pohjois-Karjalaan tuli *Helsingin Sanomat*. Havaitsin toukokuussa 1961 työpaikkailmoituksen, jossa etsittiin vuodeksi Bad Königiin Saksaan Hausmädcheniä pieneen pensionaattiin. Tämä ilmoitus innostutti nuoren mieleni – jos tuonne lähtisin, enää ei elämä olisi rajoittunut Viinijärveen, Joensuuhun ja muihin liian tutuiksi tulleisiin paikkoihin.

Näytin työpaikkailmoitusta ensin sisarelleni Ullalle ja veljilleni Nikelle ja Matille, sitten vanhemmille, eikä kukaan estellyt vastaamasta ilmoitukseen. Kirjeet kulkivat tuohon maailman aikaan viikon suuntaansa. Sain kahden viikon kuluttua vastauksen, että minua odotettiin töihin Bad Königiin. Ehtona kuitenkin oli, että minun pitäisi tehdä vuoden työsopimus. Lisäksi taattiin miellyttävä työilmapiiri ja palkka, mikä vastaisi työpanostani. Kun seuraavassa kirjeessä kyselin palkan suuruutta, selvisi, että se olisi vain DM 50 kuukaudessa (vuoden 2015 rahassa noin 80 euroa), mutta sen päälle juomarahat tekisivät noin DM 100 (160 euroa). Ruoka ja asuminen olisivat ilmaisia. Eihän se paljon ollut, mutta kun ajattelin asiaa ainutkertaisena kokemuksena, päätin hyväksyä tarjouksen.

Sen jälkeen kerroin asiasta Hanskille, jonka kanssa seurustelin. Hän oli luokkatoverini Joensuun kauppaopistossa. Jos Hanski olisi kieltänyt lähtemästä, olisin perunut koko asian, mutta hänen vastauksensa olikin: No, jos menet, niin vuoden odotan sinua takaisin.

Kauppaopisto päättyi toukokuun lopussa ja valmistuimme molemmat merkonomeiksi. Seuraavat viikot selvitin aikatauluja ja liikennevälineitä, miten voin matkustaa Saksaan. Frankfurtiin asti asia oli selkeä ja tarkka, sen jälkeen olisi vielä kahden tunnin paikallisjuna Bad Königiin. Mietin mitä tavaroita otan vuodeksi mukaan: vaatteet kesää ja ehkä talveakin varten ja ehdottomasti valokuvia kotimaan muistoiksi.

Keskiviikkona heinäkuun 19. päivänä 1961 nousin Helsinkiin menevään junaan. Vaunussa vastapäätä istui vanhempi naishenkilö, jolle kerroin minua Saksassa odottavasta työpaikasta. Hän piti ajatusta uhkarohkeana, koska siihen aikaan lehdissä kerrottiin tapauksista, joissa nuoria tyttöjä oli houkuteltu mukamas töihin Saksaan, mutta heidät kaapattiin Afrikan ilotaloihin. Se oli rikollisuutta siihen aikaan, niin ainakin huhuttiin.

Helsingissä pääsin yöksi Alma Mynttisen siskon luokse. Hän oli sairaanhoitajana Helsingissä. Junassa kuulemistani pelotteluista kauhistuneena lähetin Helsingin rautatieasemalta kortin Bodo Sanderille, joka oli ollut vieraanamme Viinijärvellä neljä vuotta aikaisemmin. Korttiin kirjoitin tulevan osoitteeni ja pyysin ottamaan yhteyttä. Näin minulla olisi ainakin yksi luottohenkilö Saksassa. Myös Bodo Sander kortin saatuaan kauhistui rohkeuttani lähteä noin vain Saksaan. Ja totta olikin, että se oli uskaliasta.

Olin 22-vuotias ja vain kerran aikaisemmin keskikoulun luokkaretkellä käynyt Helsingissä. Ollessani lukiossa luokkatoverini Maija ja Heljä lähtivät silloisen tavan mukaan kesälomalla Ruotsiin mansikanpoimintaan, mikä enteili koululaisten tulevaa interrail-matkailua. Olisin halunnut lähteä mukaan, mutta se ei ollut mahdollista, koska apuani tarvittiin kotona. Nyt toisella etelään suuntautuvalla matkalla olin menossa suoraan Keski-Eurooppaan tuntemattomaan paikkaan tuntemattomien ihmisten luo.

Helsingistä jatkoin iltalaivalla Tukholmaan ja seuraavana aamuna edelleen junalla Kööpenhaminaan, jonne saavuin illalla. Jouduin odottelemaan muutaman tunnin, ennen kuin sieltä lähti keskiyöllä juna Frankfurtiin.

Ennen Saksan rajaa juna ajettiin laivaan ja tarkastettiin passit sekä työluvat. Työlupa tosiaan! *Frau Gaydoul* oli ensimmäisessä kirjeessään maininnut lähettävänsä työluvan. En kuitenkaan sitä saanut enkä tätä tarkastusta ennen osannut moista edes kaivata. Mitä ihmettä keksisin? Ilman työlupaa en voisi työskennellä Saksassa. En uskaltanut kertoa työpaikastani – kukaties olisin joutunut palaamaan takaisin Suomeen – vaan sanoin olevani menossa vierailemaan tuttavaperheen luo Kaierdeen. Tarkasti kyseltiin, mistä tunsin tämän perheen? Kun kerroin pastori Bodo Sanderin käynnistä Viinijärvellä ja tämän olevan vastavierailu, juttu hyväksyttiin. Huh, huokaisin helpotuksesta.

Lauantaina heinäkuun 22 päivänä klo 23 olin vihdoin perillä Frankfurtissa. Mitään hotellivarauksia en ollut ymmärtänyt tehdä, mutta onneksi junassa tapasin nuoren miehen, joka lupasi auttaa. Rautatieaseman informaatiotiskiltä selvisi huominen jatkoyhteys paikallisjunalla Bad Königiin sekä hotelli, jossa voisin yöpyä. Frankfurtin aseman alla oli nimittäin Cabine Hotel, joka oli toiminut pommisuojana sodan aikaan.

Varasin Cabine Hotelista huoneen ja niin laskeuduimme tämän nuoren miehen kanssa kerrosta alemmas. Ensin tulimme aulaan, jonka toisessa päässä oli kerroksen yhteiseksi tarkoitettu WC. Hotellihuoneet oli eroteltu paksuilla ruskeilla pahviseinillä. Kuulin hyvin, kun vieressä olleessa huoneessa syötiin omenaa ja toiselta puolelta kuului sanomalehden sivujen käntelystä syntynyttä rapinaa. Tämän operaation vuoksi nuori mies myöhästyi Darmstadtin junasta, mutta hän aikoi jatkaa seuraavalla junalla ja lupasi tulla huomenna vilkuttamaan asemalle, kun Bad Königin junani ohittaisi Darmstadtin.

Yö Cabine Hotelissa sujui hyvin. Seuraavana aamuna kävin matkatavaran säilytyksessä, sillä olin lähettänyt etukäteen Viinijärveltä painavan matkalaukun Frankfurtiin. Matkalaukku oli tullut perille ja pyysin lähettämään sen edelleen Bad Königiin. Muistan ikäni hiukan itseäni vanhemman miesvirkailijan kohteliaisuuden: "Ach, wie schöne blaue Augen" eli "Oi, kuinka kauniit siniset silmät".

Kaiken kaikkiaan selvydyin aamulla nopeammin kuin odotin ja jatkoin matkaa tuntia aikaisemmin kuin olimme eilen suunnitelleet. Niinpä en nähnyt eilistä nuorta miestä, kun juna porhalsi Darmstadtin ohi.

Oli sunnuntain aamupäivä heinäkuun 23. päivänä. Bad Königin asemalla kysyin tietä Haus Birkenhöhön. Minulle neuvottiin paikka kylän yläpuolella vaaran rinteellä. Kävelin perille tapaamaan tulevaa työnantajaani. Frau Gaydoul oli keittiössä kuorimassa perunoita. Hän katsoi hattuani ja sanoi nähneensä minut edellisenä yönä Frankfurtin asemalla päässäni sama valkoinen Papierkörbchen eli paperikori. Gaydoulit olivat näet olleet yöllä vastassa Frankfurtin asemalla. Vaikka olin lähettänyt heille valokuvani, he eivät tunnistaneet minua, koska en tullut junasta yksin, vaan seurassani oli nuori mies. He olivat kierrelleet yöllä tuntikausia läheisissä hotelleissa etsimässä minua eivätkä huomanneet tarkistaa aseman alla olevaa Cabine Hotellia. Se Papierkörbchen puolestaan oli Joensuusta ostettu muodikas valkoisesta niinestä virkattu hattu. En ollut harmissani siitä, että hienoa hattuani pidettiin paperikorina. Se oli vain ensimmäinen yhteinen vitsi, joka yhdisti meidät.

Papierkörbchen edestä ja takaa.

Ensiksi tutustuin taloon ja ennen kaikkea pikku huoneeni sänkyyn, sillä olin matkasta rättiväsynyt. Nukuin iltapäivään saakka ja heräsin vasta ilta-aterialle. Seuraava päivä oli maanantai, jolloin pensionaatti oli aina suljet-tu. Perheen kanssa oli mahdollista retkeillä lähikaupunkeihin tai mennä mukaan mielenkiintoisiin tapahtumiin. Tänä ensimmäisenä maanantaina oli naapurikylässä Erbachissa perinteinen ratsastusnäytös komeine ratsui-neen ja esteratsastuskilpailut. Reippaan orkesterimusiikin vauhdittamana maistoin ensimmäiset paikalliset oluet ja makkarat. Aurinko paistoi, liput liehuivat ja iloinen tunnelma antoi kivan alkulähdön oleskelulleni Saksassa.

Arkirutiinit ja ympäristö tulevat tutuiksi

Bad König on pieni kylpyläkaupunki Odenwaldissa Mümlingin laaksossa vanhan roomalaisen tien varrella noin 100 kilometriä Frankfurt am Mai-nista etelään. Vuoristoisella seudulla sijaitseva Bad König on laajojen met-sien ympäröimänä 200 metriä merenpinnan yläpuolella. Koska se on kau-kana teollisuuskaupungeista, on ilma siellä erittäin puhdasta ja terveellistä. Tämän takia Krankenkasse eli sairausvakuutus, joka oli tuntematon Suo-messa vielä vuonna 1961, lähetti keuhkosairautta potevia henkilöitä Bad Königin sanatoriumiin "kuuriin" eli kuntoutukseen viikoksi tai kahdeksi ja maksoi hoitokulut. Kuntoutujat retkeilivät terveellisessä vuoristoilmassa, kävivät kylpylähoidoissa ja päivittäin juomassa rauta- ja mangaanipitoises-ta lähteestä mukillisen vettä.

Haus Birkenhöh, suomeksi Koivukukkula, oli työpaikkani Saksassa ke-sästä 1961 kesään 1962. Nimi johtui siitä, että talon vieressä kasvoi niissä olosuhteissa harvinaisia koivuja. Talo sijaitsi 35 metriä keskustan yläpuo-lella kukkulan rinteellä. Gaydoulin perhe oli sen itse omien piirustustensa mukaan rakentanut kolmekerroksiseksi pikku hotelliksi niin, että 1. ker-roksessa oli ravintola ja keittiö, 2. kerroksessa viisi vierashuonetta ja 3. kerroksessa yksi vierashuone sekä perheen omat tilat ja minun pikkuinen huoneeni.

Ravintolan sisustuksesta voisi käyttää sanaa "gemütlich" eli kodikas. Huonekalut olivat käsityönä tehtyjä puisia pöytiä ja tuoleja, kaikilla pöy-dillä oli valkoinen pöytäliina ja nurkassa ilman pöytäliinaa oli perinteinen puinen Stammtisch eli kantapöytä. Se kuului jokaisen paikallisen ravinto-lan sisustukseen. Muodoltaan se oli soikea, pöytälevy hiottu sileäksi, puun väri oli säilytetty luonnollisena ilman lakkausta. Ikkunoissa oli värikkäät

Birkenhöh
gegessen – getrunken – getanzt
gesessen – gesungen – gelacht

Haus Birkenhöh: syöty, juotu, tanssittu, istuttu, laulettu, naurettu.

verhot kuvioinaan olutpulloja. Piano kuului myös ravintolan sisustukseen ja oli ahkerassa käytössä, kun joku soittotaitoinen sattui paikalle. Ikkunoista näkyi terassille. Siellä olevat pöytäryhmät täyttyivät iltapäivisin klo 14–18 kahvilavieraista. Koska hotelli sijaitsi rinteessä, oli terassilta hyvät näköalat alas laaksoon.

Haus Birkenhöh'n omistivat *Otto* ja *Marie Gaydoul*. Mukana perheyrityksessä oli myös heidän 17-vuotias tyttärensä *Annegret*. Perheen poikaan *Dieter*iin, joka vaimonsa kanssa asui aika lähellä, ei perheriitojen takia pidetty yhteyttä. Jouluna minut kuitenkin lähetettiin viemään heille joulukalkkuna – jota kylläkin luulin joulukinkuksi, kun en kalkkunasta ollut ikinä kuullutkaan – ja tätä kautta välit pyrittiin taas parantamaan. Ajan kanssa se onnistuikin.

Perheen lähellä neljääkymmentä oleva poika *Gottfried* oli protestanttinen pappi. Aina vieraillessaan vanhempiensa luona hän testasi uskonnollista mielenlaatuani. Saksassa oli suuri ero siinä, olitko katolilainen vai protestantti, koska seka-avioliitoissa syntyneet lapset oli aina kastettava katolisiksi. Tästä syystä parit ristiriitoja välttääkseen etsivät mieluummin samaa uskontoa olevan kumppanin. Niinpä kirjeenvaihtoilmoituksissa oli aina maininta katolinen tai protestantti, ja monesti myös muilta uusilta tuttavilta sitä kyseltiin.

Otto Gaydoul oli pieni, vanttera ja aina hyväntuulinen paitsi silloin, kun melkein joka päivä toistuva riita rouvansa kanssa oli menossa. Hän oli saanut vamman sodassa, linkkasi toista jalkaansa ja oli taivaallinen leipuri. Ei ihme, että "Kaffeegäste" eli kahvilavieraat jonottivat hänen ihania kermaleivoksiaan kuten Schwarzwälder Kirschetorte, Käsesahne, Obstkuchen mit Sahne tai monet muut ihanuudet.

Muistoksi Otto Gaydoulista minulle jäi hänen itsensä nikkaroima tukeva kannellinen puulaatikko, joka oli ollut hänen mukanaan toisessa maailmansodassa ja jossa hän oli säilyttänyt varusteitaan. Se oli tarpeen muuttaessani takaisin Suomeen. Nyt siinä säilyvät monet tavarani vinttikomerossa.

Marie Gaydoul oli tumma, jotenkin lapsekas ja hermostunut nainen. Kun kerroin hänelle joulunvietostamme ja kuinka joulupukki asuu Korvatunturilla ja sieltä lähtee aattona poroineen jakamaan lahjoja maailman lapsille, hän huokaili: "Ach was, wie interessant, habe nie gehört" eli "Oi, miten mielenkiintoista, en ole koskaan kuullutkaan" ja uskoi kaiken todeksi. Joskus hän kysyi, mitä me syömme Suomessa, pidänkö esimerkiksi homejuustosta. Mitä olisin osannut sanoa, kun en tiennyt sellaista olevan olemassakaan.

Annegret oli 17-vuotias ja erittäin katkera vanhemmilleen siitä, että oli joutunut jättämään koulunsa kesken ja tulemaan töihin ravintolaan – lisäksi hänelle annettiin vastuu perheen Raatihuoneen torilla sijaitsevasta *Café am Schloss* kahvilasta. Vanhempi veli Dieter oli aikaisemmin ollut töissä perheyrityksessä, mutta aikonut siepata yrityksen itselleen ja häätää vanhempansa pois. Sitä he eivät tietenkään hyväksyneet. Niinpä he irtisanoivat poikansa ja määräsivät Annegretin töihin. Annegretin huumorintaju oli joskus outo – postin tuotua Hanskilta kirjeen hän saattoi piilottaa sen ravintolan mattojen alle ja nauraen kuin hyvällekin vitsille käski minut etsimään.

Perheeseen kuului myös *Gretel Schnur*, Tante Gretel, Frau Gaydoulin nelikymppinen sisar. Hän asui muualla ja tuli silloin tällöin yhdessä komean turkkilaisen miesystävänsä Rudin kanssa auttamaan keittiössä. Vaikutti siltä, että tätä suhdetta Rudiin paheksuttiin hiljaisesti, vaikka ei ääneen sa-

Annegretin työpaikka
Café am Schloss.

Kaksi viikkoa tuloni jälkeen Birkehöh'n
terassilla.

nottukaan. Olihan Rudi paljon nuorempi kuin Gretel, mutta painavin pa-
heksumisen syy taisi olla se, että hän oli turkkilainen. Nuorena ja elämää
kokemattomana ihmettelin, miksi seurustelu herätti vastustusta.

Ennen kuin aloitin varsinaisena työntekijänä, minun oli hankittava vi-
rallinen työlupa. Viraston ovella huomasin, että aukioloaika oli päättynyt
puoli tuntia aikaisemmin. Koputin varmuuden vuoksi oveen. Ihmeekseni
paikalla ollut työntekijä avasi oven ja asiaa tiedusteltuaan hoiti työluvan
saman tien kuntoon. Mikä yllätys! Suomessa ketään ei olisi ollut paikalla
sulkemisajan jälkeen. Saksassa virastojen aukioloajat taisivat olla vain oh-
jeellisia, koska sama toistui monta kertaa myöhemminkin.

Olin tullut töihin nimikkeellä "Hausmädchen" eli jonkinlainen kotiapu,
jonka tehtävät osoittautuivat hyvin moninaisiksi. Työasuna tarjoiltaessa oli
pusero, tumma hame ja pieni valkoinen esiliina, jonka tasku oli niin iso,
että sinne mahtui kukkaro. Kun joskus unohdin kukkaroni keittiön pöy-
dälle, heti varoitettiin varkaista eikä voitu käsittää, että Suomessa niin voi
tehdä pelkäämättä kukkaron katoavan. Aamulla katoin ravintolan pöydät
aamupalaa varten, samoin tein päivällisellä ja toimin tarjoilijana.

Kun vierashuoneet tyhjenivät, petasin sängyt, tuuletin huoneet, imu-
roin ja tarkastin vessat. Sängyn petaus oli erilaista kuin kotona olin tot-

Frau Oltilla on tänään siivouspäivä.

tunut. Pullean untuvatäytteisen peiton päälle vedettiin pussilakana, joka yleistyi Suomessa vasta 1970-luvulla. Peitto laitettiin sängyn päälle kahtia taitettuna ja sängyn päätyyn asetettiin pullea suuri untuvatäytteinen tyyny. Sain lahjaksi muutaman koristeellisen tyynynpäällisen. En ole tähän päivään mennessä keksinyt niille käyttöä – meidän tyynymme ovat puolta pienempiä. Yhtä kaikki oli kiva katsella aamuista näkymää, kun "tüchtige Hausfrauen" eli tarmokkaat kotiäidit latoivat vuodevaatteet päiväksi tuulettumaan avonaisista ikkunoista ja tamppasivat pölyt pois. Jokaisessa talossa toistui arkipäivisin sama aamunäytelmä.

Frau Olt oli pikkuinen mummo, joka asui Hanneksensa kanssa hotellimme lähellä pienessä mökissä. Hänet pyydettiin tulemaan töihin, kun suurempaa siivousapua tarvittiin noin kerran kuukaudessa. Harmaa tukka nutturalle vedettynä, valkoinen esiliina edessään ja silmissään iloinen pilkahdus hän ilmestyi touhukkaana paikalle.

Iltapäivä kului päiväkahvitarjoilussa. Päivällisen jälkeen alkoivat iltaasiakkaat täyttää ravintolan pöydät ja tarjoilutehtävä saattoi jatkua vaihtelevasti myöhään iltaan. Viikot olivat 6-päiväisiä. Maanantaina oli vapaapäivä pensionaatin ollessa suljettuna.

Majatalossamme oli kuusi vierashuonetta ja vieraita (Kurgäste) yleensä kerrallaan noin kymmenen. Aamuisin heille tarjoiltiin aamupala (kahvia, sämpylöitä, hilloa, juustoa, makkaraa). Tuoreet sämpylät – Brötchenit – ostettiin joka aamu vanhalta mieheltä, joka korin kanssa kiersi ravintoloissa myymässä niitä. Nämä sämpylät olivat mielestäni parasta leipää, mitä ikinä olin syönyt. Kun niitä sai aamupalalla vain kaksi, toivoin aina, että vierailta olisi jäänyt muutama yli. Aamiaisen jälkeen asukkaat lähtivät sanatoriumiin suorittamaan kuntoutukseensa kuuluvaa terveysohjelmaa, kävivät uimassa tai konserteissa.

Päiväkahvin aikaan hotellivieraat palasivat terassillemme nauttimaan

kahvista ja ihanista täytekakuista. Niitä heidän ei itse asiassa olisi terveys-
ohjelmansa puitteissa ollut lupa syödä. "Wir sündigen" eli teemme syntiä,
he totesivat. Sen jälkeen oli päivälevon aika huoneissa, jotka olin heidän
poissa ollessaan siivonnut ja tuulettanut.

Yksi ainoa ikävä välikohtaus sattui, kun miesvieras oli jäänyt huonee-
seensa siivouksen ajaksi, ajatteli käyttää tilaisuutta hyväkseen ja hankkiutua
kanssani lähikontaktiin. Hain Frau Gaydoulin kertomaan hänelle kylpylä-
ohjelmista ja sain sillä aikaa siivota rauhassa.

Ruokailu hotellivieraille käsitti aamupalan lisäksi myös päivällisen noin
klo 18. Vaikka sama joukko oli jo aamulla tervehtinyt toisiaan, kuului sak-
salaiseen tapaan tervehtiä myös Mittagessenin aluksi. Kaikki päivällisel-
le tulijat kättelivät vuorollaan toisiaan sanoen tervehdyksenä "Mahlzeit",
mikä tarkoittaa lähinnä samaa kuin hyvää ruokahalua, ja sen jälkeen istui-
vat pöytään. Herr Gaydoul oli taitava kokki, ja hänen ruokaansa kehuttiin.
Maanantaisin hotellin ollessa suljettuna tehtiin perheelle arkiruokaa, jota
liian tavallisena ei voitu tarjota hotellivieraille. Yksi sellainen oli nimeltään
"Himmel und Erde" eli "Taivas ja maa". Taivaana olivat omenat ja maana
perunat. Ne sotkettiin sopivasti sekaisin ja paistettiin uunissa.

Pikku hotellimme yläpuolella olevilla rinteillä kävin poimimassa mus-
tikoita, vaikka tiedettiin siellä olevan uhkarohkeata kulkea yksin. Metsäs-
sä liikkuvat villisikalaumat olivat kohdalle sattuessaan vaarallisia. Niitten
jättämiä valkoisia hankausjälkiä näkyi kaikkialla puunrungoissa. Miksi
menin poimimaan mustikoita, ihmeteltiin. Marjojen kerääminen talteen ei
tainnut kuulua saksalaisiin tapoihin.

Sitä vastoin kaikki saksalaiset tekivät pitkiä kävelyretkiä (gehen spazie-
ren) pukeutuneina villakankaiseen pitkään vihreään lodentakkiin, jalas-
saan tukevat vaelluskengät ja kädessään paksu keppi. Aivan pensionaat-
timme ohitse kulki useita vaellusreittejä. Joskus minäkin vaelsin viikonlop-
puna perheen kanssa kokopäiväretkelle ylös kukkulan rinnettä 160 metriä
korkeammalla sijaitsevaan Momart-nimiseen kylään. Se oli kuuluisa yli
600 vuotta vanhoista tammistaan. Tavernassa pidimme lepotauon, söimme
makkaraa, joimme olutta ja katselimme mahtavia maisemia.

Heti saapumiseni jälkeen olin sopeutunut hyvin pensionaatin kiireiseen
työtahtiin. Tavallisten hotelliasiakkaiden lisäksi ravintolan ja terassin täyt-
tivät myös iltaisin oluella pistäytyjät, korttia pelaamaan tulleet seurueet tai
nälkäiset patikoijat syömään ja levähtämään.

Birkenhöh'ssä riittää syksyn mittaan monenlaisia tapahtumia

Ensimmäinen erä uutta valkoviiniä oli pullotettu kesällä poimituista rypäleistä. Elokuussa sitä juhlittiin monena iltana sekä paikallisten asukkaiden että hotellivieraiden iloksi. Viini oli väriltään aika harmahtavan sameata ja sen kanssa kuului ehdottomasti tarjota myös kaalipiirakkaa. Herkullinen yhdistelmä: kylmä valkoviini ja lämmin kaalipiirakka Herr Gaydoulin leipomana.

Eräänä aamupäivänä eräs pariskunta tuli kysymään hotellihuonetta yhdeksi yöksi pitääkseen illalla ravintolassa muotinäytöksen. Totta kai muotinäytös aina kiinnostaa ja uteliasta yleisöä oli pöydät täynnä. Rouva esitteli vaatteet ja herra oli olevinaan hyvinkin vitsikäs kuuluttaja. Vaatteet eivät mielestäni olleet mitenkään erikoisia enkä tiedä tuliko kauppojakaan. Miksi muistan heidät? Se johtuu siitä, että muutaman kuukauden kuluttua he olivat jälleen esittelemässä täsmälleen samoja asuja, rouva pyörähteli täysin samoilla askelkuvioilla, ja herran juonto oli sanasta sanaan sama kuin edellisellä kerralla. Myös yleisö nauroi juuri samoissa kohdissa kuin aikaisemminkin. Kammottavaa, tuntui kuin olisin ollut mukana piilokamerassa.

Vanha hieno rouva saattajanaan tumma komea nuori mies tuli terassille elokuisen iltapäivän alkaessa jo hämärtyä. Kahvit juotuaan ja maksettuaan he lähtivät, mutta mies tuli hetken kuluttua yksin takaisin tiedustellen, olivatko rouvan hansikkaat jääneet pöydälle. Ei niitä löytynyt, mutta täytyy tunnustaa, että miehen tumma intensiivinen katse oli niin lumoava, että en uskaltanut katsoa häntä silmiin. Minusta tuntui, että niiden mustien silmien syvään katseeseen olisin voinut kerta kaikkiaan hukkua.

Ensimmäisinä viikkoina opin tarjoilemisen alkeet eli esimerkiksi sen, että astioita ei saa korjata pöydästä ennen kuin asiakas on maksanut. Muuten hän luulee vihjailtavan, että hänen on parasta maksaa ja häipyä. Olin oppinut kantamaan kerralla useampia tarjottimia pudottamatta kahvikuppeja ja kermakakkuja. Taidonnäyte oli kantaa kerralla kolmea pikkutarjotinta, joissa jokaisessa oli Känchenkaffee eli pieni kaksi kahvikupillista sisältävä kahvikannu, kahvikupit ja lisäksi leivokset. Olin opetellut mielessäni numeroimaan pöydät ja merkitsemään pöydän numeron tilauslappuun. Näin tiesin, mihin pöytään tilaus oli tulossa, sillä ulkomuistiini en uskaltanut luottaa.

Asiakkaiden mielestä oli hauskaa kuunnella, kun tein heille laskua tilatuista tuotteista luettelemalla hinnat suomen kielellä. Numerot kuulostivat heistä tosi huvittavilta, varsinkin yksi ja kaksi. Minusta taas oli aluksi huvittavaa ja lopulta myös ärsyttävää se, että lueteltuaan laskutusta varten ensin tilaamansa tuotteet he lisäsivät niihin vielä yhden sanomalla "und ein bisschen hier gesessen" eli "ja vähän aikaa täällä istuskeltu". Siihen minun kuului kommentoida, että sehän on jo sisällä laskussa tai totta kai istuskelu on ilmaista, ja oli hymyiltävä, että joo joo vitsi ymmärretty. Tosin sadannen kerran kuultuna ei hymy ollut enää yhtä herkässä.

Oma opettelunsa oli kakkujen, viinien, vermuttien, snapsien ja olut-merkkien nimissä. Snapseja olivat esimerkiksi Schinkenhäger, Korn, Wacholker, Boonekamp, Jägermeister, Doornkaat ja Schlichte, jonka mainoslause oli "Trinke ihn mässig, aber regelmässig" eli "Juo sitä kohtuullisesti, mutta säännöllisesti". En oikein koskaan oppinut ymmärtämään, kun asiakas pyöräytti sormeaan pöydällä olevien kuppien, lasien tai lautasten yläpuolella, tahtooko hän maksaa vai tilata lisää. Tapahtui paljon kömmähdyksiä, kun kiikutin uutta tilausta pöytään ja asiakas oli tarkoittanut vain maksaa. Silloin tunsin itseni todella hölmöksi.

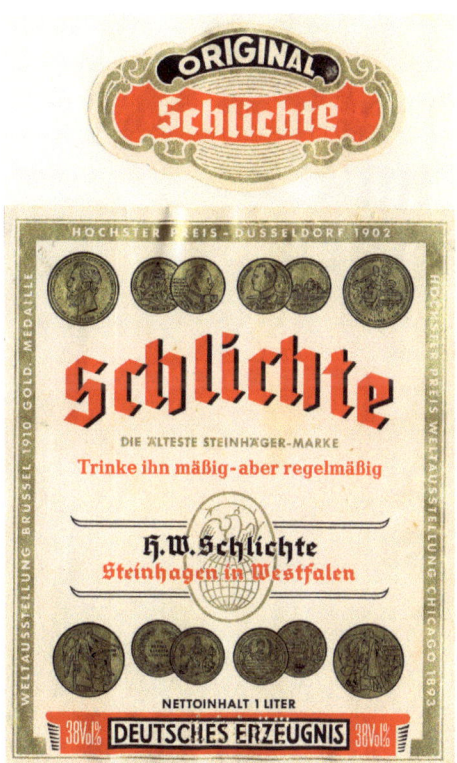

Schlichte-snapsipullon etiketti kehottaa: juo sitä kohtuullisesti, mutta säännöllisesti.

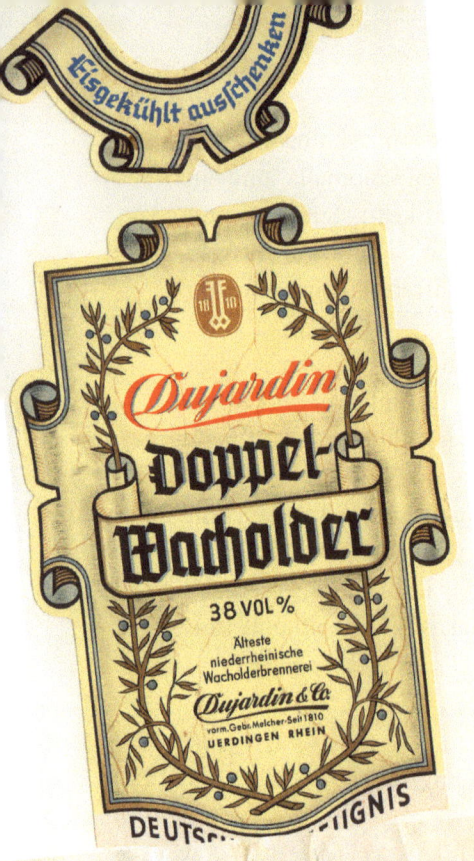

Snapsien etikettejä: Doppel-Wacholder, Doornkaat,
Schinkenhäger, Doppel Korn.

Uusi työtoveri saapuu

Olin onnellinen, kun kaksi viikkoa saapumiseni jälkeen elokuun alussa 1961 sain uuden tarjoilijatoverin. *Ulrich Pampel* opiskeli kemiaa Heidelbergin yliopistossa ja oli ensimmäisen Saksan kesäni tarjoilijatoveri "Herr Ober". Tällä nimellä kutsuttiin miestarjoilijoita, kun taas minulle huudettiin "Fräulein" eli "Neiti", kun haluttiin palvelua. Oli tavallista, että opiskelijat olivat kesäisin opiskelurahoja tienaamassa tarjoilijoina. Ei heille maksettu paljon palkkaa, mutta juomarahat saattoivat olla melkoiset ja liittyihän työhön usein myös ilmainen ruoka ja majoitus.

Tarjoilijatoverini Ulrich Pampel mietteissään.

Aluksi me Ulin kanssa teitittelimme toisiamme, kuten Saksassa kaikki ikää katsomatta tekivät. Se ei tuntunut ollenkaan niin muodollista kuin Suomessa. Kun sitten lopulta päätimme alkaa sinutella, piti se aluksi tehdä salaa. Sinuttelu olisi kaikkien mielestä ollut selvä merkki siitä, että meillä oli keskenämme läheinen suhde. Olimme kuitenkin koko ajan vain hyviä ystäviä. Lopulta sinutteluun totuttiin, vaikka esimerkiksi Annegretin kanssa teitittelimme aina.

Iltaisin kävelimme Bad Königin kaduilla ja pistäydyimme joskus Annegretin kahvilaan Café am Schlossiin maistelemaan suosikkijuomaani Martini Biancoa. Siihen aikaan soitettiin radiossa usein jo vuonna 1929 sävellettyä laulua, jonka sanat opin Ulilta. Ne ovat edelleenkin tallessa eräässä oluttuopin alusessa, jonka pohjaan hän ne kirjoitti.

> Am Sonntag will mein Süsser mit mir segeln geh'n, sofern die Winde weh'n, das wär' doch wunderschön, am Sonntag will mein Süsser mal ein Seemann sein, mit mir im Sonnenschein so ganz allein…

> Sunnuntaina haluaa kultani lähteä kanssani purjehtimaan niin kauas kuin tuulet vievät, se olisi ihanaa, sunnuntaina haluaa kultani kerrankin olla merimies, kanssani auringonpaisteessa ihan kahdestaan…

Tämän laulun levytti M.A. Numminen vuonna 2006 suomalaisin sanoin:

> Sun kanssas tahdon sunnuntaina ongelle, sä saat mut aina mainiolle tuulelle ja
> kyllä kannattaa käydä ongella, kun silloin nilkat vettä lipsuttaa...

Niin että saksaksi mentiin purjehtimaan ja suomeksi ongelle.

Ulin työt Birkenhöh'ssä päättyivät opiskelujen alkaessa syksyllä. Tapasimme harvemmin, mutta junayhteydet Heidelbergiin toimivat hyvin – tarvittiin yksi junanvaihto Eberbachissa ja aikaa yksi tunti – joten kävin usein tervehtimässä häntä vapaapäivinäni maanantaisin. Uli ajeli silloin tällöin Bad Königiin moottoripyörällään Heidelbergista. Matkaa sieltä oli 70 kilometriä. Hänen kyydissään tutustuin ensi kertaa tähän vauhdikkaaseen matkantekomuotoon.

Samalla kävin Heidelbergin komeassa 1400-luvulla rakennetussa linnassa, joka sijaitsi ylhäällä vuoren rinteellä. Portaita sain kivuta melkoisesti ennen kuin olin linnanpihalla. Ruhtinaat ja ruhtinattaret olivat muuttaneet pois jo vuosisatoja sitten nykyään melko raunioituneesta linnasta, mutta opaskierroksella sain tietoa entisestä loistosta. Kävin myös kellarissa ihmettelemässä maailman suurinta viinitynnyriä, johon mahtui kaiken kaikkiaan 220 000 litraa viiniä (tynnyrin korkeus yli 6 metriä). Ympäröivillä vuorilla oli silmänkantamattomiin viinitarhoja – viinin saatavuus oli taattu. Ne, jotka entisaikaan nauttivat siellä viiniä, ovat jo vuosisatoja olleet poissa niin että tynnyri lienee tyhjä ja jäänyt muistoksi menneiltä mahtavuuden ajoilta.

Kerrotaan, että kun kirjailija Mark Twain aikoinaan kävi Heidelbergin linnassa, hän teki myös jokiveneellä matkan pitkin oranssinväristen lamppujen valaisemaa Neckaria. Tämä kokemus inspiroi hänet kirjoittamaan luvun kirjaansa *Huckleberry Finn*.

6-päiväisen työviikon jälkeen maanantait ovat tervetulleita vapaapäiviä

Oli aikaa kirjoittaa kirjeitä, pistäytyä kylän kaupoissa ja tehdä vaikkapa päivän ostosmatka Darmstadtiin. Junalla matkaan meni tunti. Löysin sieltä maanpäällisen paratiisin eli tavaratalo Kaufhofin. Kiertelin hitaasti eri kerroksissa olleet osastot täynnä kauniita tavaroita, joita en milloinkaan ennen ollut nähnyt. Ei sellaisia tavarataloja ollut Viinijärvellä eikä Joensuussa. Nyt oli aikaa vaeltaa osastolta toiselle, ihailla astioita, sovittaa vaatteita, käydä välillä kahvilla. Kokonainen päivä oli mahdollista miettiä, mitä voisin ostaa ja mihin rahat riittävät. Eivät ne tosin juuri mihinkään riittäneet, mutta se ei ollut pääasia. Vapaus ja oma aika olivat tärkeitä. Muistelen ostaneeni silloin ensimmäisellä kerralla vain vaalean sinisen neulepaidan ja jonkun voidepurkin. Olin virkistävään lomapäivään oikein tyytyväinen. Samanlaisia virkistyksiä ehdin vuoden aikana kokea monta kertaa.

Maanantain vapaapäivinä saatoimme myös perheen kanssa lähteä tutustumaan lähikaupunkeihin. Muutaman kilometrin päässä oleva Michelstadt oli kuin suoraan mainoskuvastosta – Odenwaldin vanhimpia asutuskeskuksia ja viehättävä historiallinen rakennustaiteen muistomerkki. Saksan pääkaupunki Bonn oli myös käyntikohteemme. Tutustuimme

Michelstadtissa on Saksan vanhin raatihuone.

siellä Beethovenin syntymäkotiin ja vanhaan kaupungintaloon. Monet pienet naapurikaupungit antoivat hyvän kuvan saksalaisesta perinteisestä arkkitehtuurista. Vaikuttava erikoisuus oli Swetzingerin kaupungin linnanpuistoon 1700-luvun lopussa rakennettu turkkilainen moskeija.

Joskus saatoimme käydä paikallisilla messuilla. Herr Gaydoulia kiinnostivat ruokamessut. Sellaiset olivat lähellä Darmstadtia ja mikä ruokamäärä siellä olikaan esillä. Kokit esittelivät ateriakokonaisuuksia ja jakoivat näytteitä yleisölle. Leipomot olivat koonneet ihania kakkuja ja leivoksia näyttävästi esille – saimme herkutella pikku leivonnaisilla. Kymmenet erilaiset makkarat olivat joko tehdastuotteita tai maatilojen omia erikoislaatuja. Mieleeni muistuivat ne kotona tarjottavat kaksi lajia eli nakki ja lenkkimakkara – lisäksi leivän päälle laitettiin lauantai-, jahti- tai teemakkaraa. Tutustuin myös erilaisiin juustoihin. Jälleen muistin kotoiset edamin ja emmentalin – nyt sain maistella eri maista tulleita uutuuksia ja laajentaa juustotietouttani. Herr Gaydoul viihtyi messuilla ja sai varmasti paljon uusia ideoita kotoisaan ruokapöytään.

Nämä perheen yhteiset matkat olivat aina yllätyksellisiä – bensa saattoi loppua kesken, oikeaa osoitetta ei löytynyt, jotain kadoksissa olevaa tavaraa etsittiin – ja voi sitä taivastelun määrää, mikä siitä seurasi. Annegret hyvänä ja kärsivällisenä autokuskina luotsasi meidät kuitenkin aina onnellisesti kotiin.

Berliinin muuria aletaan rakentaa 13.8.1961

Olin ollut Bad Königissä kolmisen viikkoa ja oppinut jo aika hyvin ymmärtämään Saksan eri puolilta tulevien asiakkaiden murteita. Elämä oli tuonut eteeni jatkuvasti uusia ihmisiä ja tilanteita sekä opettanut kantapään kautta esimerkiksi sen, miten pitää avata samppanjapullo suihkuttamatta sitä asiakkaan vaatteille.

Eräänä elokuun aamuna ihmettelin ihmisten järkyttyneitä ilmeitä. Jotain erikoista ja odottamatonta oli tapahtunut.

Yön aikana 40 000 Itä-Saksan sotilasta oli sulkenut Länsi-Berliiniin johtavat tiet ja kadut aluksi piikkilangalla. Parin päivän kuluttua aloitettiin muurin rakentaminen betoniharkoista. Berliinin muuri tuli erottamaan melkein kolmeksikymmeneksi vuodeksi Itä-Berliinin ja sitä ympäröineen Itä-Saksan valtion Länsi-Berliinistä. Tarkoituksena oli ollut estää itäberliiniläisten ja itäsaksalaisten joukkopako länteen. Aluksi muurin rakentamisen jälkeenkin ihmiset pääsivät lännen puolelle hyppimällä rajalle jääneiden talojen ikkunoista, kunnes vuonna 1962 aloitettiin toisen vaiheen rakennustyöt, jolloin muurin viereiset talot purettiin.

Ennen kuin muuri erotti Berliinin eri osat, siellä saattoi vapaasti liikkua itä- ja länsipuolella. Elämä kaupungissa oli normaalia. Siellä asui perheitä, joiden lapset olivat päivähoidossa kaupungin toisella puolella. Sairaaloissa tai kotonaan sairastavista huonokuntoisista vanhuksista huolehtivat omat kaupungissa asuvat lapset tai sukulaiset. Nyt yhtäkkiä yhteydenpito ei ollut enää mahdollista. Lapsia ei saatu muurin takaa hoitopaikoistaan takaisin koteihinsa eikä huonokuntoisilla vanhuksilla ollut auttajia. Perheitä erotettiin, ystäviä ja tuttavia ei enää voinut tavata. He olivat jääneet rajan taakse.

Hotellissamme ei ollut televisiota, joten kaiken informaation sain radiosta, lehdistä ja huolestuneiden vieraittemme puheista. Myös elokuvien alkupätkinä näytettiin uutisfilmejä Berliinin tapahtumista, haastateltiin hätääntyneitä vanhempia, jotka halusivat lapsensa takaisin kotiin. Näytettiin myös monenlaisia keinoja, miten ihmiset olivat päässeet karkaamaan itäpuolelta länteen. Lehdissä kerrottiin joka päivä monista murheellisista ihmiskohtaloista, mutta mitään ei ollut tehtävissä.

Arkinen elämä tämän järkyttävän tapauksen jälkeen palasi pikku hiljaa totuttuihin uomiinsa. Uusia vieraita tuli ja pensionaatissa työn merkeissä toistuvasti tapaamani ihmiset jollakin tavalla tuntuivat turvaavan normaalin arkipäivän sujumisen.

Kohtaamisia Birkenhöh'n työympyröissä

Yksi Birkenhöh'ssä viikoittain tapaamistani henkilöistä oli *Friedrich Schneider*. Ravintolan sisäänkäynnin vieressä oli tupakka-automaatti, jonka täyttämisestä hän huolehti. Juttelimme aamuisin iloisesti kuulumisia, kunnes erään kerran jälkeen hän ei moneen viikkoon sanonut minulle sanaakaan. Ihmettelin asiaa, mutta ajattelin, että ehkäpä hänellä oli murheita. Viimein Frau Gaydoul kysyi minulta, miksi olin niin törkeästi puhutellut häntä – olin kuulemma vastannut hänen "Guten Morgen, gnädiges Fräulein" (Hyvää huomenta, arvoisa neiti) toivotukseensa sanomalla "Guten Morgen, papischer Herr". Hän suuttui. Oikeastaan vastasin "Guten Morgen, prächtiger Herr", mutta hän oli kuullut väärin. Papisch sikäläisessä murteessa tarkoittaa likainen ja prächtig tarkoittaa komea. Siis vastaus oli kohtelias, minkä hän viimein itsekin ymmärsi.

Tupakka-askien nimissä saattoi tulla väärinymmärryksiä, sillä esimerkiksi merkki HB, joka on vielä nykyäänkin myynnissä, lausutaan HaaBee, mutta jos sanoin vahingossa BeeHaa, se tarkoittikin Bustenhalter eli rintaliivit.

Keittiö oli Herr Gaydoulin valtakuntaa ja siellä pistäytyi usein hiiliä toimittavan yrityksen työntekijä *Heinrich Meyer*. Ensi kertaa näin, että hellaan pistettiin lapiolla hiilenpaloja eikä halkoja. Hän oli sota-aikaan ollut komennuksella Rovaniemellä ja kertoili mielellään muistojaan sieltä – olipa oppinut ja muistissaan pitänyt kaksi lausetta suomeksi. Minulle hän joka kerta tavatessamme sanoi "Minä rakastan sinua, tapaamme illalla kello kahdeksan", vaikka olisi nähnyt minut keskellä katua tai hoilannut sen kadun toiselta puolelta.

Toinen lause suomeksi "Lapsi tuli" liittyi Rovaniemellä kanttiinissa työskennelleen apulaisen iloiseen perhetapahtumaan. Kertoja ihmetteli sitä, että apulainen oli ollut eräänä aamupäivänä normaalisti töissä pulleavatsaisena. Kuitenkin parin päivän kuluttua hän oli tullut hoikkana töihin kuin mitään ei olisi tapahtunut ja sanonut nähtävästi selityksenä mieleen jääneet sanat "Lapsi tuli".

Kahvilavieraamme tulivat joka puolelta maata ja monenlaisia murteita puhuen he kertoivat elämästään. Monet heistä muistelivat sotakomennustaan Suomessa ja ihailivat pientä urhoollista maata, kun neljämiljoonainen kansa taistelussa valtavaa vihollista vastaan säilytti itsenäisyytensä. Toisen maailmansodan jäljet näkyivät vielä Saksassa. Junan ikkunasta ohi vilahtavia kyliä ja kaupunkeja katsellessani näkyi paljon pommitusten jäljiltä raunioituneita rakennuksia. Myös Darmstadtin katukuvassa sen saattoi havaita. Sota oli päättynyt toukokuussa 1945. Aikaa oli kulunut vain 16 vuotta ja tapahtumat vielä hyvin muistissa. Jotkut ravintolavieraat kuultuaan minun olevan Suomesta kertoivat paitsi Rovaniemen tai Lapin muistojaan, myös kohtaamisistaan Paavo Nurmen kanssa joittenkin kisojen katsojina. He muistelivat ihaillen hänen urheilusaavutuksiaan.

Ravintolassa ystävystyin vähitellen monien paikkakunnalla asuvien asiakkaittemme kanssa. He kertoivat oluella pistäytyessään pikku tapahtumista elämässään. Monesti asiakkaat kyselivät minulta olosuhteista ja elämästä Suomessa. Erikoisesti heitä kiinnosti ongelmallinen tilanteemme itäisen naapurimme läheisyydessä.

Hyväntahtoisia juorujakin kuulin. Muistan viehättävän keski-ikäisen leskirouvan. Hänellä kerrottiin olevan rakkaussuhde varakkaan johtajatason ukkomiehen kanssa. Vaikka yleisesti tiedettiin miehen nimi, asiaa ei paheksuttu, vaan kaikki suhtautuivat rouvaan ystävällisesti. Rouva itse ei tosin tiennyt, että hänen salainen romanssinsa oli kaikkien tiedossa.

Hammaslääkäri *Herr Haylin* kanssa tapasimme usein, sillä hän kuului joka tiistai-ilta kokoontuneeseen korttipelirinkiin. Tuttu porukka pelasi korttia, kertoi vitsejä ja viihtyi Erbacher Bieriä maistellen kantapöydän eli Stammtischin ympärillä. Kuten aikaisemmin kerroin, Stammtisch kuului erottamattomasti jokaisen ravintolan takanurkkaan. Se kokosi ystävät ilta toisensa jälkeen mukaan iloiseen yhdessäoloon. Toki siihen yksinäinen asiakaskin saattoi istahtaa nauttimaan oluensa, seuraamaan muitten seurustelua tai lueskelemaan päivän lehtiä.

Herr Haylin tapasin myös terveydenhoidon merkeissä. Saksassa oli mahdollista sairauden sattuessa valita joko yksityinen lääkäri tai sairausvakuutuksen eli Krankenkassen oma lääkäri, jonka palvelut olivat muita halvempia, sillä vakuutus maksoi osan kuluista. Sen vuoksi köyhemmät ihmiset hakeutuivat mieluummin sairauskassalääkärin hoitoon. Yleinen mielipide näytti olevan, että nämä sairausvakuutuksen omat ammattilaiset olivat työssään muita huonompia ja siksi aliarvostettuja. Yksi heistä oli aina hyväntuulinen hammaslääkäri Herr Hayl, jonka väitettiin hoitavan hampaita sekä ihmisiltä että koirilta. Ikävistä puheista huolimatta kävin hänen vastaanotollaan.

Kerran kuukaudessa tulivat korttia pelaamaan ja seurustelemaan vanhemman polven tuttavat yliopistoajoilta. Ryhti oli jo kumara, opiskelumuistot silti vielä elävinä mielessä. Niitä sitten kerrattiin siivittämällä tarinoita lasillisella olutta tai viiniä ja kilpailemalla korttipelivoitosta. Seurueessa oli vain miehiä. Kun ihmettelin sitä, minulle kerrottiin,

Vieraita lähdössä kotimatkalle, oikealla saattamassa Frau Gaydoul ja Herr Hayl.

että osakuntaan hyväksyttiin vain miehet. Siinä he istuivat osakuntamerkit rinnassaan ja osakuntalakit päässään onnellisina tuttujen kavereiden seurassa. Miksi osakunnat olivat kiellettyjä naisilta? Luulen, että se oli jäänne ikivanhoista ajoista ja tavoista.

Merimies järjestää yllätyksen

Syksyisenä iltapäivänä päiväkahviruuhkan jälkeen Stammtischin ääreen istahti komea, tummatukkainen mies. Hän oli *Reinhold Krüger.*

Tullessani hakemaan häneltä tilausta, huomasin, että hän oli laittanut eteensä pöydälle esitteen Suomesta. Ilmeni, että hänen vanhempansa asuivat Bad Königissä. Reinhold itse oli 18-vuotias merimies, matkoillaan tavannut 17-vuotiaan suomalaisen tytön Riitan, rakastunut ja halusi mennä hänen kanssaan naimisiin. Koska tyttö ei halunnut ajatellakaan avioliittoa Reinholdin kanssa, hän ei myöskään halunnut enää olla kirjeenvaihdossa. Reinhold oli onneton ja pyysi minua kirjoittamaan ja kertomaan tytölle

18-vuotias Reinhold Krüger oli rakastunut suomalaiseen Riittaan.

kaipauksestaan.

Parin viikon kuluttua vastauskirje saapui Suomesta. Riitta kertoi, että lukiolaisena hän ei ollut vielä valmis sitomaan itseään mihinkään vakavaan suhteeseen eikä halunnut olla enää missään tekemisissä Reinholdin kanssa. Tämän tiedon saatuaan Reinhold pyysi minua kanssaan kirjeenvaihtoon. Koska hän purjehti Ockenfels-laivallaan pitkiä merimatkoja, kirjeet toisivat vaihtelua yksitoikkoiseen elämään. Joskus kun laiva rantautui Saksan satamaan, hänellä oli mahdollisuus käydä kotonaan ja tulla tervehtimään minua. Lähetin lupaukseni mukaisesti hänelle silloin tällöin kirjeitä ja kuulumisia Bad Königistä. Kun palasin Suomeen kesällä 1962, en tullut kertoneeksi hänelle, että olin menossa naimisiin.

Annoin Reinholdille kuitenkin osoitteeni Viinijärvelle. Sain häneltä edelleen kirjeitä matkoiltaan maailman merillä ja myöhemmin hän aiheutti todellisen yllätyksen.

Olin ollut jo vuoden kotimaassa, viettänyt häitäni heinäkuussa 1963 ja aloittanut työt Helsingissä uudessa paikassa insinööritoimistossa. Puhelinyhteyttä Lauttasaareen uuteen kotiimme ei vielä ollut, sillä Helsingin Puhelinyhdistykseltä kesti kuukaudenkin kytkeä linja. Eräänä päivänä elokuussa Reinhold soitti yllättäen työpaikalleni, sanoi olevansa Helsingissä ja tulevansa illalla käymään. Kuinka hän oli saanut tietää työpuhelinnumeroni? Mitä hän teki Helsingissä? Mistä hän tiesi kotiosoitteeni?

Ilmeni, että viikkoa aikaisemmin hän oli tullut Suomeen, ajanut moottoripyörällään Viinijärvelle ja ilmestynyt lapsuudenkotiini suoraan isäni 60-vuotisjuhlille. Siellä hän muiden vieraiden ihmetellessä istui juhlapöydässä kuin kuuluisi talonväkeen. Arkisin hän keräsi siskoni Ullan kanssa viinimarjoja pensaista ja iltaisin ajelutti häntä moottoripyörällään kylällä.

Reinhold lähetteli minulle terveisiä ympäri maailmaa, tämä valokuva on Intiasta.

Ulla oli ikionnellinen ja kylän muut tytöt kateellisia. Reinhold oli nimittäin todella komea mies – veljeni Matin mukaan komea oli moottoripyöräkin.

Ullalta Viinijärveltä oli tullut kotiini kortti ja siinä ilmoitus, että Reinhold oli tulossa kyläilemään. Olin vielä töissä kortin tullessa. Hanski oli lukenut tekstin ja mietti ihmeissään, kenestä oli kysymys. Selvitin harmistuneelle miehelle taustan. Ennen Reinholdin saapumista ehdin hätäisesti tehdä pienen kakun. Kahvia keitellessäni kyselin hänen kuulumisiaan. Oli torstai ja meillä sattui olemaan saunailta. Ehdotin Hanskille, jolle saunominen oli erittäin tärkeää, että tässä tilanteessa hän voisi mennä yksin saunaan. "Minä en jätä sinua yksin tuon miehen kanssa", oli tuoreen aviomieheni vihainen kommentti. Ajettuaan partansa Hanskin parranajokoneella ja voideltuaan leukansa minun hajuvedelläni hän moottoripyörineen katosi yön selkään.

Vuosia myöhemmin sain Reinholdilta kirjeen, jossa hän kertoi joutuneensa onnettomuuteen, katkaisseen jalkansa ja joutuneensa jättämään työnsä merimiehenä. Hän oli mennyt naimisiin ja halusi tulla vaimonsa kanssa vierailulle Suomeen – maahan, jota he molemmat ihailivat kovasti. Siihen aikaan perheessämme oli kaksi pientä lasta ja touhua riittämiin. Epäilen, ettei aviomiehenikään ollut innokas tapaamaan häntä toista kertaa. Niinpä en vastannut kirjeeseen.

Karl Roos, taitava sitransoittaja.

Taitelijat elävöittävät Birkenhöh'n ilmapiiriä

Birkenhöh'ssä oli hämmästyttävää – verrattuna rauhalliseen kotiympäristööni – tavata päivittäin aina uudenlaisia ihmisiä erilaisine lähtökohtineen. Oli uusia asiakkaita ravintolassa, kuntoutukseen tulevia hotellivieraita omine terveyshuolineen tai arkipäivään liittyvissä tehtävissä tapaamiani henkilöitä.

Oli esimerkiksi kiertelevä veitsenteroittaja, vanha mies, joka hädin tuskin pysyi pystyssä. Hän kiersi sitkeästi talosta taloon työtään tekemässä ja ansaitsemassa vähäisen elantonsa, sillä Saksassa ei tuohon aikaan ollut yleistä eläketurvaa. Minua säälitti katsella, kuinka vaikeaa veitsenteroittajan oli työnsä päätyttyä saada reppu selkäänsä. Eläkejärjestelmä laajennettiin koskemaan yksityisyrittäjiä vasta vuonna 1972.

Toisaalta taas oli monia hauskoja tapauksia, jotka halusivat esiintyä illalla hotellin vieraille ja esittää erikoistaitojaan. Kerran pariksi yöksi majoittui pensionaattiimme miekkonen kertoen osaavansa taikatemppuja. Hänen bravuurinsa oli nostaa katseellaan kravatti suorana eteensä vaakatasoon. Olihan siihen tietysti luonnollinen selitys eli hän oli asentanut solmion taakse pätkän rautalankaa nostaen kravatin leuallaan ylös. Muut temput olen unohtanut.

Joskus saimme tutustua todellisiin taiteilijoihin, sellaisiin kuin *Karl Roos*. Hän oli taitava sitransoittaja, joka asui hotellissamme managerinsa kanssa kahden viikon ajan ja esiintyi joka ilta ravintolassa täyttäen ravintolan pöydät innokkailla kuulijoilla. Häneltä sain myöhemmin Bad Kreuznachista tervehdyksen:

Hab' Sonne im Herzen, kann kommen was mag, dass leuchtet voll Licht Dir den dunklesten Tag.

Olkoon aurinko sydämessäsi, tulkoon mitä tahansa, niin että sinulle säteilee paljon valoa synkimpänäkin päivänä.

Unkarilainen pariskunta *Pali* ja *Nadja Rajna* olivat sydämellisiä ihmisiä. He omistivat Frankfurtissa Altrussisches Restaurant Wolga -nimisen ravintolan, joka oli perehtynyt alkuperäisiin venäläisiin ruokaherkkuihin ja juomiin. Niitä tarjoiltaessa viihdytettiin vieraita venäläisen mustalaismusiikin tahtiin itseoikeutettuna viulistina mestari Pali Rajna. Nyt he olivat tulleet pariksi päiväksi lepäämään ja katkaisemaan kiireisten työpäiviensä rytmin, sillä heidän ravintolansa pidettiin auki myöhään iltaan saakka. Olisin halunnut päästä tutustumaan tähän tunnelmalliseen paikkaan, mutta Frankfurt oli liian kaukana. Pali oli todella taitava viulisti ja tuonut viulunsa mukanaan. Soittaessaan ravintolassa illalla minulle suomalaisia kansanlauluja, en mahtanut mitään sille, että kyyneleet tulivat silmiin: Oi Suomi armas synnyinmaa, milloinhan pääsen takaisin?

Palin ja Nadjan frankfurtilaisen ravintolan mainos.

Vähän korviketta koti-ikävääni sain kuullessani radiosta päivittäin suomalaisen artistin laulua, saksaksi tosin. Hän oli Pirkko Mannola, joka esiintyi taiteilijanimellä *Pirko Manola* ja oli saanut nimeä sikäläisillä levymarkkinoilla. En tiedä montako kappaletta hän oli levyttänyt, ehkä vain tämän yhden, sillä sitä soitettiin ahkerasti radiossa ja samalla kerrottiin pikku kuulumisia hänen elämästään Saksassa. Vaikka tapaaminen hänen kanssaan ei ollut henkilökohtainen, päivittäinen radiokontakti tuntui kuitenkin niin intensiiviseltä, että vielä nytkin yli viidenkymmenen vuoden takaa muistan laulun sanat.

Komm ein bisschen näher zu mir her, noch ein bisschen, noch ein bisschen, noch ein bisschen mehr, weil ich nämlich meine, du bist mir der eine, der mir der richtige wär'.

Tule vähän lähemmäksi minua, vielä hieman, vielä hieman, vielä hieman enemmän, koska olen nimittäin sitä mieltä, että sinä olet se, joka olisi minulle se oikea.

Noottikriisi alkaa 1.11.1961

Ensimmäiseen syksyyn mahtui vielä yksi koskettava tapahtuma. Suomen hallitus sai nootin Neuvostoliitolta, jonka mukaan sotilaalliset konsultaatiot oli aloitettava maiden välillä. Presidentti Kekkonen oli juuri aloittanut valtiovierailun Yhdysvaltoihin ja sanomalehtiuutisten mukaan kellui tyynen rauhallisena Tyynenmeren aalloilla. Onpa kovahermoinen mies, ihailivat lehdet.

Presidentti palasi Amerikan matkaltaan takaisin Suomeen ja matkusti kiireesti Novosibirskiin tapaamaan Nikita Hrustshevia. Näiden neuvotteluiden tuloksena kriisi ratkesi 25.11.1961.

Arveltiin jälkeenpäin, että Kekkonen olisi itse tilannut nootin varmistaakseen uudelleenvalintansa presidentiksi vuoden 1962 helmikuun vaaleissa. Tämä olisi ollut varmasti myös neuvostojohdon intressien mukainen ratkaisu. Nootin todelliset tarkoitusperät jäivät kuitenkin epäselviksi.

Asia ratkesi siis onnellisesti, mutta ennen kuin näin kävi, pelonsekaiset aavistukset täyttivät mieleni. Kaikkein kauheimmalta tuntui se, että jos rajat olisi suljettu, jäisin niiden ulkopuolelle vieraaseen maahan. Asiakkaamme lohduttivat ja toivoivat, että kaikki lopulta päättyisi hyvin. Monet sa-

„Hör' auf mit den Zähnen zu knirschen, sonst spanne ich dich vorne mit ein."

Pilapiirros Franfurter Allgemeine -sanomalehdessä: Lakkaa
kiristelemästä hampaitasi tai valjastan sinut ensimmäiseksi.

noivat ihailevansa Suomen pientä urhoollista kansaa, joka joutuu elämään
suuren naapurinsa varjossa. Epätietoisuutta kesti onneksi vain kolmisen
viikkoa. Huokasin helpotuksesta, että eräs onnellinen tyttö pääsee takaisin
kotimaahansa.

Huolimatta synkistä ajatuksista ja murheellisista mietteistä piti työssä
näyttää iloista naamaa. Siihen sopivat lääkkeeksi uudet vieraat ja arkirutii-
nit, jotka oli päivittäin tehtävä. Kun uhkaava tilanne selvisi, tuntui kaikki
taas valoisammalta.

Matkalaisia tulee ja menee

Oli virkistävää, että pensionaatissa yöpyivät myös työmatkalaiset yhden tai
useamman yön verran, sillä he kertoivat kiinnostavia seikkoja elämästään,
työstään ja ystävistään. Yksi heistä oli Bayerin lääketehtaan edustaja *Albert
Schleberger*, joka lahjoitti käyntinsä muistoksi minulle tehtaansa tuotteina
kaksi rintasokeria. En muista, miltä ne maistuivat, en myöskään saanut

hänen lupaamaansa kirjettä. Koko kohtaaminen olisi unohtunut ilman käyntikorttia ja siihen merkittyä rintasokeria.

Herr Heinrich Schmull sitä vastoin lupasi pyyntöni mukaisesti lähettää kirjeen vasta sitten, kun olen jo Suomessa. Toukokuussa 1963 se tosiaan tuli. Hän kirjoitti: "Muistatteko vielä minut, olen pitkä, painan 100 kiloa ja käytän tummia silmälaseja?" En valitettavasti muistanut, olihan tapaamisestakin kulunut jo melkein vuosi.

Eräänä päivänä posti toi yllättäen myös aivan oikean rakkauskirjeen. *Herr Reinhard Schnur* oli asunut hotellissamme viikon ajan ja kotiin palattuaan lähetti minulle kirjoittamansa runon:

Gleich morgen kauf ich Kerzen ein, Sie sollen Dir ein Zeichen sein,
dass ich Dich liebe, wie Du bist. Auch wenn Du mich bald vergisst.

Nur in Gedanken kannst Du seh'n, dass Kerzen auf meinem Nachttisch steh'n.
Ich zünd sie an von acht bis neun. Am Abend, wenn ich ganz allein bin.
Ach, bitte, denk von acht bis neun an mich, so werde ich glücklich sein.

Heti huomenna ostan kynttilöitä, ne ovat Sinulle merkkinä siitä,
että rakastan Sinua sellaisena kuin olet. Myös mikäli pian unohdat minut.

Vain ajatuksissasi voit nähdä, että kynttilät ovat yöpöydälläni.
Sytytän ne kahdeksasta yhdeksään illalla, kun olen aivan yksin.
Oi, ole kiltti, ajattele minua kahdeksasta yhdeksään, tulisin siitä hyvin onnelliseksi.

En kuitenkaan ostanut kynttilöitä enkä tainnut muistaa ajatellakaan häntä iltaisin kahdeksasta yhdeksään, mutta tulin joka tapauksessa noista sanoista onnelliseksi. Vaikka olin unohtanut kokonaan tämän miehen, ajattelin häntä silti myötätunnolla – kuinka olinkaan pystynyt vaikuttamaan häneen noin voimakkaasti. Tahtomattani olin koskettanut hänen tunteitaan niin, että hän tunsi tarvetta runon muodossa ilmaista ihastustaan, valvoa iltaisin kynttiläänsä katsellen Friedbergissä Hauptstrasse 12 -asunnossaan ja ajatella minua.

Olisiko Hanski-ystäväni Suomessa osannut kirjoittaa ikävästään runomuodossa? Kaipaavia kirjeitä toki tuli viikoittain, mutta en usko, että hänessä olisi ollut hitustakaan runoilijaa, vaikka lennokkaasti ajatuksensa ilmaisikin.

Mies harmaassa poplarissa istuskeli ravintolassa ja tilasi kahvit. Hän oli *Hannes Simon*, ammatiltaan vanginvartija, joka "keräili" suomalaisia tyttöjä ja etsiytyi paikalle aina kuullessaan sellaisen olevan lähistöllä. Hän oli aika yksitotinen kaveri, mutta työpaikkansa perusteella ei häntä voisi kuvitellakaan vitsejä kertovana ja naureskelevana hupiveikkona, kun ympäristönä oli vankilakundien synkkä maailma. Hänen kanssaan tein kylläkin mukavan patikkaretken kukkulalle nimeltään Marienhöhe. Kirjeensä mukana hän myöhemmin lähetti kuvan vankilastaan ja kertoili päiväohjelmastaan siellä. Kun työskenteli vaarallisten rikollisten vartijana, oli pakko olla huolellinen, varovainen ja joka hetki varuillaan.

Saihan hän tutustumalla minuun samalla kokoelmiinsa yhden suomalaistytön lisää.

Patikoimassa Marienhöhellä vanginvartija Hannes Simonin kanssa.

Olin niin sidoksissa Suomessa asuvaan poikaystävääni, etten kiinnostunut mahdollisista ihailijoista. Joskus joku saattoi istahtaa oluensa kanssa lähinnä kassaa olevaan pöytään ja tuijottaa kiinteästi koko illan. En huomioinut tällaisia tapauksia millään tavalla.

Oluella kävi usein lähistöllä asuva *Karl Friedrich*, johon tiesin Annegretin olevan ihastunut. Karl Friedrich ehdotti kerran pientä autoajelua lähiympäristössä maisemia katselemassa. Koska tunsin hänet ennestään, lupauduin lähtemään. Siinä rauhassa ajellessamme hän äkkiä kurvasi auton keskelle metsää. Olin ihmeissäni. Auton sivulokerosta hän kaivoi esiin evääksi varaamansa kaksi pientä snapsipulloa. Hengitin metsän raikasta tuoksua ja mietin, kuinka tämä retki päättyy. Auton vieressä seisten toivotimme toisillemme "Zum Wohl" eli "Terveydeksi" ja kippasimme pikkupullot tyhjiksi. En tiedä, mitä hänellä olisi ollut mielessä, mutta palasimme kuitenkin onnellisesti takaisin. Juttelimme vielä Birkenhöh'n edessä autossa tunnin verran, vaikka arvelin Annegretin mustasukkaisena vahtivan ikkunansa takana. Rauhoittelin Annegretia seuraavana aamuna – hän saa minun puolestani pitää ihastuksensa kokonaan itsellään.

Bodo Sander vierailee

Marraskuun lopulla 1961 *Bodo Sander* tuli vierailemaan Bad Königissä. Hän oli juuri se henkilö, jolle olin lähettänyt kortin Helsingin rautatieasemalta ennen lähtöäni Saksaan. Häneltä olisin pyytänyt apua, jos jotain ikävää tai odottamatonta olisi sattunut matkalla.

Olin tavannut Pastor Bodo Sanderin neljä vuotta aikaisemmin vuonna 1957, kun joukko protestanttisen kirkon pappeja oli tutustumassa Suomen ortodoksiseen kirkkoon. Heidät majoitettiin ortodoksisiin perheisiin – yksi majoituspaikoista oli meidän kotimme Viinijärvellä.

Muistan hyvin, kun odotimme kirjettä ja ilmoitusta henkilöstä, joka meille tulisi asumaan. Olisihan se ensimmäinen läheisempi kontakti ulkomaalaiseen henkilöön, mikä syrjäisessä maalaiskylässä siihen aikaan oli harvinaista. Tulija oli Bodo Sander, ikä 32 vuotta. Minun ja 16-vuotiaan serkkuni Helenan oli määrä mennä häntä vastaan Helsingistä saapuvalle aamujunalle. "Sind Sie Herr Sander?" eli "Oletteko herra Sander?" harjoiteltiin moneen kertaan ja jännittyneinä odotimme junan saapumista.

Väkeä tuli junasta asemalle yllättävän paljon. Esitimme yhdelle jos toisellekin tämän ratkaisevan kysymyksen saksaksi, mutta vastaus oli joka kerran hämmästynyt "Häh?" Aseman edusta tyhjeni. Lopulta kioskin takana oli enää yksi yksinäinen mies salkku kädessään. "Sind Sie Herr Sander?" kysyimme toiveikkaina. "Ja', hän vastasi. Lopultakin olimme löytäneet Herr Sanderin.

Bodo Sander vietti meillä Viinijärvellä kaksi viikkoa. Jälkeenpäin kertailimme yhä uudestaan hauskoja muistoja, joita syntyi ennen kaikkea vajavaisesta saksan kielen taidosta johtuen. Kerran ruokailtaessa hän kysyi, mitä lihaa oli tarjolla. Kun emme keksineet oikeata saksan sanaa, isä ratkaisi pulman sanomalla "Ammuu".

Tapasin nyt Bodon uudestaan vuosien tauon jälkeen Birkenhöh'ssä. Olin iloinen ja utelias tietämään, mitä hänen elämäänsä kuului. Hän oli nyt kolmilapsisen perheen isä ja edelleen pappina Kaierdessa Keski-Saksassa. Bodon mielestä näytti siltä, että olin pärjännyt töissä hyvin, saksan puhuminen oli tullut sujuvammaksi ja työpaikka vaikutti turvalliselta. Mitään yllättävää ei ollut tapahtunut. Siitä hän ei kuitenkaan pitänyt, etten ollut etukäteen ilmoittanut hänelle haluavani työpaikan Saksasta. Hän olisi etsinyt

Bodo Sander Viinijärvellä kesällä 1957.

minulle sopivan kotiapulaispaikan, mutta hyvä, ettei se toteutunut. Työni pensionaatissa tarjosi laajemman näköalapaikan saksalaiseen elämään ja mahdollisuuden tutustua eri puolilta maata kotoisin oleviin ihmisiin.

Tämä tapaaminen Bodon kanssa ei jäänyt viimeiseksi, vaan vierailin myöhemmin hänen kotonaan Kaierdessä ja vielä kesällä ennen lähtöäni Suomeen olin hänen nuorimman poikansa ristiäisissä.

Saan kutsun itsenäisyyspäivän vastaanotolle

Aivan joulukuun alussa 1961 sain yllättäen virallisen näköisen kirjeen Suomi-Saksa-seuralta. Sen mukaan heillä oli kunnia kutsua minut Zum Heidelberger -hotellin suureen saliin itsenäisyyspäivän vastaanotolle, kutsujana Herr Vizekonsul Matti Kahiluoto. Seurustelumusiikkia soittaisi Günter Keck solisteineen.

Mistä Suomi-Saksa-seura tiesi minun olevan Bad Königissä? Tuohon aikaan Saksassa työskentelevät ulkomaalaiset tarvitsivat työluvan ja heidän

Kutsu Suomi-Saksa-seuran järjestämiin itsenäisyyspäiväjuhliin.

tietonsa rekisteröitiin. Tieto välittyi Suomi-Saksa-seuralle, joka näin pyrki pitämään suomalaisiin yhteyttä erilaisten tapahtumien merkeissä.

Ikävä kyllä en päässyt juhlaan, en kuuntelemaan musiikkia enkä seurustelemaan. Se olisi edellyttänyt kahden tunnin junamatkaa Frankfurtiin, hotellihuoneen varaamista ja juhlapukua, mitkä kaikki olivat mahdottomia toteuttaa. Sama kuvio toistui, kun sain kutsun Suomi-Saksa-seuran järjestämiin uuden vuoden tanssiaisiin. Harmitti jättää käyttämättä tilaisuus tavata muita suomalaisia.

Vähän ennen joulua sain Ulilta kortin. Hän oli moottoripyörineen kaatunut liukkaalla kadulla ja loukannut itsensä niin, että jalka oli laitettava kipsiin. Luin kortin monta kertaa, kunnes osasin sen lopulta ulkoa. Olin surullinen. Olimme syksystä lähtien suunnitelleet matkaa moottoripyörällä viikon lomalle keväiseen Pariisiin. Tämä ihana unelma peruuntui. Kuljettajan kipsatun jalan takia ei moottoripyöräily voinut tulla kysymykseenkään.

Joulun viettoa 1961

Jo hyvissä ajoin marraskuussa kirjoitin tunteellisen joulukirjeen kotiin, vaikka joulutunnelmaan liittyvää lumista maisemaa ei ollutkaan inspiraatiota antamaan. Kynttilän hiljainen lepatus, joulukuusen tuoksu, kirkonkellojen kaikuminen lumisessa maisemassa – kaikki nämä muistuivat mieleen kirjoittaessani kirjettä pikkuisessa huoneessani Haus Birkenhöh'n kolmannessa kerroksessa.

Kotona kirje herätti herkkiä tunteita niin, että jokaiselle jouluna käyneelle vieraalle se oli luettu ääneen seisaalleen nousten tippa silmässä.

Joulutunnelmaa viritettiin myös ravintolassamme valamalla kynttilöistä talia tyhjien vihreiden Bocksbeutel-pullojen päälle. Pullon suuhun pystytetty kynttilä sytytettiin palamaan. Näytti siltä kuin pullot olisivat olleet hyvin vanhoja ja vuosien saatossa tali olisi valunut pullojen päälle. Tosiasiallisesti Frau Gaydoul -tonttu keittiössä oli sen työn hoitanut juuri ennen joulua.

Frankenweinia sisältävät Bocksbeutel-pullot olivat kivan näköisiä litteitä pulleamahaisia pitkäkaulaisia viinipulloja, joihin useimmiten liittyi vitsikäs etiketti. Etiketissä oli paperiovi ja kun sen aukaisi, saattoi kuvassa nähdä miehen pitelemässä vasaralla telomaansa peukaloa ja toteamassa, että viini auttaa kipuun paremmin kuin voivottelu.

Eräässä toisessa kuvassa Monika on alasti menossa nukkumaan, hänen varjonsa lankeaa ikkunaan ja tirkistelijä pettyy, jos valo sammutettaisiin liian aikaisin. Kolmannessa etiketissä rakastava pari Kunibert ja Adelheid istuu sängyn laidalla ja tekstissä arvaillaan, ollaanko tässä menossa jo liian pitkälle vai selvitäänkö viiniä juomalla. Ainakin ymmärsin niin.

Kun ravintolassa sammutettiin kattovalot ja kynttilät sytytettiin, ne loivat muuten pimeässä ravintolassa viiniä nauttivien asiakkaiden mieliin salaperäistä jouluista tunnelmaa. Kenties ajatukset silloin joululaulujen soidessa liittyivät menneisiin jouluihin, kenties tulevan joulun lahjatoiveisiin tai ehkä mietittiin, pääsikö kuvan Adelheid ollenkaan nukkumaan.

Kävimme jouluaattona kirkossa. Joululahjat jaettiin vasta joulupäivänä kuusen juurella. Puutarhaan oli jo edellisenä kesänä tai ehkä jo sitä aikaisemmin säilötty kuusi multineen puulaatikkoon kasvamaan – nyt se kaivettiin laatikkoineen kaikkineen esille keskelle olohuonetta. Varsinaisia jouluruokia en muista, mutta ensi kertaa silloin tutustuin Glühweiniin – meillä vuosia myöhemmin tutuksi tulleeseen hehkuviiniin eli glögiin. Kahvin kanssa oli myös joulun erikoisherkkuja kuten Christstolle, pullapitkoa

Bocksbeutel-pullot kertovat tarinoita.

muistuttava manteleita ja sukaattia sisältävä makea pötkylä. Joulunvietosta ja omista joululahjoistani en muista mitään. Uskon joulunpyhien sujuneen rauhallisesti, sillä hotellissa ei ollut silloin vieraita.

Vuosi 1962 alkaa

Vuosi vaihtui rauhallisesti Glühweinia nautiskellen ja ravintola-asiakkaiden kanssa seurustellen. Kuuntelimme radiosta puheita ja musiikkiohjelmia. Ilotulitusta ei järjestetty, ei sellaisesta taidettu siihen aikaan tietääkään. Aloimme totutella kirjoittamaan uuden vuosiluvun ja mietimme, mitä vuosi toisi tullessaan. Valoimmeko tinaa? Teimmekö lupauksia? En muista. Minulle Suomeen paluu oli taas pikkuisen lähempänä.

Alkutalven kylmän viiman puhaltaessa ulkona tapahtui perhepiirissä jotain lämmittävää. Gaydoulien vanhemman pojan Gottfriedin tytär Heidi oli menossa naimisiin ja vietti häitään Bad Königissä. Morsian tuli jo viikkoa aikaisemmin hoitamaan juhlajärjestelyjä, varaamaan juhlasalia ja huolehtimaan kirkon koristelusta. Paria päivää ennen vihkimistä saapui sulhanen ja hääpari katosi välittömästi tutustumaan lähemmin huoneeseensa hotellimme toisessa kerroksessa. Herr Gaydoul naureskeli sulhaselle, joka keskittyneen näköisenä syventyi kirjaansa Stammtischin äärellä tummasankaiset silmälasit nenällään, sillä kokeiltuaan sulhasen laseja hän huomasi linssit pelkiksi ikkunalaseiksi. Sulhaselle ei sen jälkeen annettu juurikaan arvoa – häntä pidettiin lähinnä keikarina. Häätarjoilu juhlahuoneistossa oli pettymys eikä vastannut suomalaisia häätapoja. Missä olivat sen seitsemän sortin leivonnaiset? Missä oli komea hääkakku? Kalseassa salissa tarjoiltiin vain samppanjaa ja jotain suolapalaa. Gottfried vaimoineen ahdisteli minua raamatunlauseilla ja tenttaamalla uskonelämääni.

Hääpari oli vuokrannut huvilan kukkulan rinteeltä. Vai olisivatko Gaydoulien tuttavat halunneet antaa sellaisen häälahjan? Kävimme siellä seuraavana päivänä kahvilla. Koko seurue – hääpari, molempien vanhemmat, sisaret, veljet ja näiden lapset – olivat viettäneet yön jääkylmässä lämmittämättömässä huvilassa. Kylmä pakkastuuli puhalteli sisään hataroista ikkunoista. Kolkkoa tunnelmaa lisäsi se, että osa huonekaluista oli nyt sesongin ulkopuolella peitetty kankailla. Hääpari lienee pitänyt toisensa lämpimänä, mutta muut hytisivät kylmästä liian ohuiden vaatekerrostensa alla. Keittiö oli talon lämpimin paikka, siellä sai sentään kuumaa kahvia. Huh, mikä hääyö! Mietin, oliko saksalaisilla ollut useinkin tapana ottaa koko

Annegret ja minä, Bad Königin talvi kesti vain muutaman päivän.

sukukuntansa mukaan häämatkalle? Ainakin jokaisella huvilassa yönsä viettäneellä häävieraalla oli ollut ikimuistoisen kalsea hääyö.

Helmikuussa satoi muutaman päivän ajan lunta niin, että maisema muuttui kokonaan valkoiseksi. Oli muutama aste pakkasta. Kylmä tuuli pöllytti lunta kasvoille. Liukkaat kadut, jotka kiemurtelivat pitkin kukkulan rinnettä alas laaksoon, eivät houkutelleet ulkoilemaan. Kaikki puhuivat karnevaaleista ja miettivät, minne menisivät juhlimaan.

Karnevaalit, alkukevään suuri tapahtuma

Karnevaalit eli Fasching ovat noin 200 vuotta vanha juhlakausi. Karnevaalien vietto on liikkuva tapahtuma ja määräytyy pääsiäisen ajankohdan mukaan. Juhlia riittää eri teemoilla viikkokausiksi heti vuodenvaihteen jälkeen. Juhlinnan huipentuma on karnevaalien viimeisen viikon maanantai, Rosenmontag eli ruusumaanantai, ja päätöspäivä Aschamittwoch eli tuhkakeskiviikko. Karnevaalihulina katkeaa silloin tasan kello 24 yöllä ja pääsiäiseen päättyvä 40 päivän paastojakso alkaa. Meillä laskiaistiistai on sama päivä kuin Saksassa karnevaalien viimeinen kokonainen päivä ennen tuhkakeskiviikkoa.

Karnevaaliaika on täynnä musiikkia, tanssia, pukeutumista värikkäisiin vaatteisiin ja yleistä juhlintaa. Karnevaaleihin kuuluvat ikivihreät hauskat laulut, joiden sanat jokainen saksalainen osaa ulkoa. Ravintolassamme vieraiden innostuessa laulamaan niitä saattoi kello olla pitkälti yli puolen yön. Kun virallisia sulkemisaikoja ei ollut, ravintola pidettiin auki niin kauan kuin yksikin asiakas viihtyi. Usein Herr Gaydoul veteli unia Stammtischin vieressä nuokkuen ja havahtui, jos joku asiakas huuteli haluavansa lisää olutta. Hän nukahti välittömästi uudestaan, heräili hetkellisesti viemään uutta tilausta pöytään ja nukahti taas. Lopullinen herätys tuli vasta sitten, kun viimeiset vieraat olivat pukemassa takkia päällensä huudellen "Gute Nacht".

Karnevaalien juhlapaikat olivat suuria halleja, joihin helposti mahtui tuhatkin ihmistä. Olin innoissani, että pääsin mukaan tähän tapahtumaan. Suuntasimme parinkymmenen kilometrin päässä olevalle karnevaalipaikalle Annegretin ollessa autokuskina. Herr Gaydoul ei halunnut lähteä mukaan, joten me kolme naista aloimme pukeutua hepeniin. Minulla niitä ei ollut mukana, joten pistin vain tavallisen paidan päälleni ja huivin kaulaan. Naiset etsivät innolla komeroistaan hassuja hattuja ja pukivat päälleen nurinpäin käännettyjä vaatteita.

Jo heti hallin ulkopuolella pääsin tunnelmaan. Sisään työntyvät ihmiset värikkäissä hatuissaan ja mielikuvituksellisissa asuissaan olivat silminnähden juhlatuulella. Sisällä väentungoksessa olutlasit keikkuivat iloisten laulujen tahdissa, orkesteri puhalteli reippaita säveliä ja tanssijat nojailivat toisiinsa. Havaitsin arkisen vaatteeni poikkeavan kokonaan muusta juhlakansasta. Kun joku ihmetteli, miksen ollut pukeutunut mihinkään karnevaaliasuun, tunsin olevani ihan ulkopuolinen.

Koko ajan ollessamme juhlissa oli satanut räntää. Lähtiessämme kotimatkalle puolen yön jälkeen sää tuntui kylmenneen. Annegretin ajo muuttui epävarmemmaksi. Alla olivat ehkä vain kesärenkaat, sillä auto liukasteli sinne tänne kapealla jäisellä vuoristotiellä. Lopulta oli pakko pysähtyä ja parkkeerata auto tien vieressä olevalle luiskalle. Kello oli kaksi yöllä ja ympärillä säkkipimeää. Kökötimme autossa, ja aamun valjetessa meitä odotti yllätys. Kauhuksemme havaitsimme, että pimeässä auto oli parkkeerattu aivan jyrkänteen reunalle. Taitavasti Annegret ohjasi sen ajotielle ja pääsimme kertomaan karnevaaleista ja kotimatkastamme huolestuneelle Herr Gaydoulille. Hän ei ollut matkan käänteistä yhtään hämmästynyt. Näitä yllättäviä sattumia tapahtui jokaisella perheen yhteisellä matkalla.

On hämmästyttävää, kuinka vakaina pitämämme saksalaiset heittäytyvät hilpeinä karnevaalihumuun, löysäävät kravattinsa ja laittavat arjen hetkeksi sekaisin. Perinteitä kunnioittaen karnevaalikautena unohdetaan yhteiskuntaluokat ja mielestä arkimurheet. Nautitaan elämästä yhdessä ystävien kanssa. Siinä auttaa iloisesti virtaava olut, joka lisää hauskojen karnevaalilaulujen säestämää hilpeätä yhdessäoloa ja viihtymistä – paljon vitsejä, naurua, meininkiä ja tunnelmaa. Ollaan kaukana suomalaisesta humalaisesta vapunvietosta, johon kaipaisi samanlaista hilpeää ja hauskaa menoa. Tempauduin täysillä mukaan lennokkaan karnevaalimusiikin tahteihin. Olin todella iloinen nähdessäni pienen välähdyksen aidosta saksalaisesta karnevaalihumusta, eikä sitä ilman omakohtaista kokemusta ymmärtäisikään.

Palasin karnevaali-ilon jälkeen tavalliseen arkeen, mutta jotain siitä tunnelmasta ja musiikista jäi vauhdittamaan askeleitani. Lumet olivat muutaman talvipäivän jälkeen sulaneet – siinäpä se Bad Königin talvi sitten olikin. Lunta ei enää satanut lisää. Sää muuttui aurinkoisemmaksi ja tuntui, että päivät olivat pidentyneet. Pikku hiljaa aloin odottaa kevään tuloa.

Vierailu Kaierdeen

Olin saanut Sanderin perheeltä kutsun matkustaa Kaierdeen heitä tapaamaan. Bodo oli lähettänyt matkalipun kirjeessä. Iloitsin kovasti tapaamisesta ja aloin suunnitella matkan ajankohtaa. Pensionaatissa alkuvuosi oli hiljaisempaa, joten päätin lähteä helmikuussa. Koska halusin ostaa heille jonkun tervetuliaislahjan, menin käymään Darmstadtissa kodintarvikeliikkeessä. Katsellessani siellä maljakoita, kuulin hämmästyneen kysymyksen suomeksi: "Mitä sinä täällä teet?" Yhtä hämmästynyt olin itsekin. Vanhat koulukaverini Joensuun ajoilta *Pirkko* ja *Sisko* olivat myyjinä liikkeessä. He olivat tulleet Saksaan syksyllä 1961 ja aikoivat palata takaisin alkukesästä.

Olin tosi iloinen tapaamisesta ja pyysin heitä vierailemaan Bad Königissä. Saimme sovittua vierailupäivän. Birkenhöh'n terassilla kahvia ja kermaleivosta nauttiessaan he ihailivat Odenwaldin mahtavia maisemia, jotka tietenkin täydellisesti poikkesivat Darmstadtista. Kiertelimme kylpyläkaupunkini kapeilla kaduilla, pistäydyimme puistossa ja taisinpa juottaa heille oluen lisäksi myös mukillisen terveyskylpylämme mineraalipitoista lähdevettä. Ehdimme tavata muutaman kerran ennen heidän kotiinpaluutaan. Näistä kerroista iloitsin ennen kaikkea siksi, että sain vaihtaa ajatuksia ja matkakokemuksia suomeksi.

Helmikuun puolivälissä odotin innolla matkaa Kaierdeen tapaamaan Sanderin perhettä. Oli hauskaa, että sain nyt tilaisuuden tutustua Bodon vaimoon *Marie*en ja tavata heidän kolme lastaan *Franziskan*, *Stefanien* ja 3-vuotiaan *Mathiaksen*.

Kaierde oli maaseutupaikka, mutta kokonaan erilainen kuin Suomen maalaiskylät. Siellä talot oli rakennettu yhteen kylän keskelle, ja pellot ympäröivät niitä. Bodon keskiaikainen kirkko oli vaikuttava ja uljas rakennus. Hänen isänsä oli ollut myös pappi mutta ankara ja vaativa kirkonpaimen. Bodo puolestaan halusi välittää seurakunnalleen rakkautta, yhdessäoloa, sisäistä hiljentymistä ja oli kiinnostunut työstä nuorison parissa. Hän muisteli ihmetellen esiintymistään neljä vuotta aikaisemmin Viinijärvellä kirkon nuorisopäivillä. Vaikka Bodo yritti tulkin välityksellä kertoa hauskasti

seurakuntaelämästä Saksassa, kuun-
telijoina penkeissä istuivat vakavat
mummot ja papparaiset ilman hymyn
häivääkään – nuoret nimittäin puut-
tuivat kokonaan yleisön joukosta.

Bodo ja Marie olivat perillä uu-
simmista ruokatrendeistä ja noudat-
tivat *Are Waerlandin* oppeja sekä ruo-
kailussa että terveydenhoidossa. Are
Waerland oli vuonna 1876 Tammi-
saaressa syntynyt terveysliikkeen pe-
rustaja, jonka mielestä terveyden uh-
kana eivät ole sairaudet vaan elämän-
tapavirheet. Hänen lempiruokansa
oli Kruska-puuro, joka keitetään
kivellisistä rusinoista, leseistä, kaura-
hiutaleista, suolasta ja vedestä ja jota
ahkerasti kotiin tultuani kokkasin.
Kaupasta oli siihen aikaan saatavissa
pussitettuna valmiit Kruska-puuron
ainekset. Ruokavalioon kuului paljon

Marie ja lapset Bodon kirkon edessä.

hapanmaitotuotteita, hapankaalia, marjoja, vihanneksia, kokojyväleipää ja
juomaksi vettä, maitoa tai vaikkapa perunamehua. Kun Bodon kanssa kä-
vimme Hildesheimissa terveysravintolassa syömässä, hän tilasi sitä minulle
ruokajuomaksi. Marie kauhistui aika tavalla, kun kuuli, että Bodo oli juot-
tanut minulle perunamehua.

Lääkkeitä ei opin mukaan juurikaan käytetty ja esimerkiksi lasten kor-
vakipu parannettiin pistämällä korvaan pala sipulia. Perhe oli terveenä
ja lapset eläväisiä. Minun vatsani sitä vastoin oli viikon vierailun jälkeen
monta päivää ihan sekaisin. Tämä ruokavalio muistuttaa mielestäni lähei-
sesti nykyisiä ruokaoppeja. Are Waerland oli sata vuotta edellä aikaansa.

Heidelberg vie sydämeni

Oli jo maaliskuu. Birkenhöh'n pihalla kasvavat koivut alkoivat työntää
pieniä hiirenkorvia ja ruoho alkoi vihertää. Aurinko lämmitti. Siirsimme
terassikalusteet taas ulos. Vieraat siirtyivät terassille nautiskelemaan päivä-

kahviaan ja ottamaan ensimmäiset ruskettavat auringonsäteet talteen.

Ulin kanssa olin jo syksyn mittaan tutustunut Heidelbergin kuuluisaan yliopistokaupunkiin. Kaupunkinäkymää hallitsi ylhäällä vuoren rinteellä komeileva vanha linna, josta kerroin jo aiemmin. Sen alapuolella Neckarin rantaa pitkin kulki "Runoilijan tie". Tutuiksi tulivat tummien ovien taakse kätkeytyneet ja vain opiskelijoiden tuntemat olutkellarit, jotka sijaitsivat todellakin kellareissa, pöytinään nurinpäin käännetyt puulaatikot. Tunnelmaan vaikuttivat paitsi hämyisä kellari myös jazzia soittavat muusikot. Se oli minulle ennestään tuntematon kiehtova maailma.

Olin ihastunut Heidelbergiin, josta myös tunnetun laulun sanat kertovat:

Ich hab' mein Herz in Heidelberg verloren in einer lauen Sommernacht…

Olen menettänyt sydämeni Heidelbergissä eräänä lauhana kesäyönä…

Heidelbergin linnanäkymä on mainoksessakin majesteetillinen.

Ehkä Uli ajatteli sitä, kun laittoi keväällä 1962 lehteen ilmoituksen hakeakseen minulle työpaikkaa Heidelbergistä. Sain useita vastauksia ja kävin kahdessa haastattelussa. Toinen oli äitinsä mielestä kamalan kurittoman pienen lapsen hoitaminen – lapsen, joka kiukutteli, ei suostunut pukeutumaan eikä syömään ja keksi kaikenlaisia temppuja. Tämä työ ei ollenkaan houkutellut minua.

Toinen haastattelu oli "rikkaiden kukkulalla" sijaitsevassa hienossa huvilassa, jonka portista summeri päästi minut sisään esiteltyäni itseni ensin portinpylväälle. Uusi ihme sekin. Haastatteluaika oli sovittu kello yhdeltä, mutta sain odottaa kaksi tuntia muotilehtiä selaillen talon rouvan ollessa juuri silloin kauneusunillaan. Koko ajan minulla oli tunne, että joku tarkkaili liikkeitäni.

Minulle esiteltiin huvilan kaikki kolme tyylikkäästi sisustettua kerrosta, joista ylimmässä oli minun pikkuruinen huoneeni. Työhöni kuului tarjoilla ateriat, vastaanottaa vieraat, seurustella talon yliopistossa opiskelevan tyttären kanssa ja olla siistin ja edustavan näköinen. Tehtävän hoitaminen edellytti kuuden valkoisen esiliinan hankkimista. Ne minun olisi pitänyt ostaa itse. Tuntui kohtuuttomalta köyhälle työnhakijalle, kun talo vaikutti kultaisista vessanhanoistaan alkaen yltiörikkaalta. Neljän tunnin ajan Uli raukka sai värjötellä jäätävässä tuulessa kukkulalla odottaessaan minua haastattelusta. Sain sittemmin vaakunoilla koristellun kirjeen, jossa minut oli hyväksytty työpaikkaan. Kohteliaan vastauksen mukana ilmoitin, että valitettavasti joudun kieltäytymään työstä mainitsematta kuitenkaan mitään valkoisista esiliinoista.

Olisi tietenkin ollut hauskaa asua Heidelbergissä, tutustua paremmin tähän historialliseen yliopistokaupunkiin ja liikuskella Ulin turvallisessa seurassa. Tämä työpaikka ei kuitenkaan kiinnostanut minua yhtään. Olin tyytyväinen Birkenhöh'n tuttuun seuraan ja Uli moottoripyöräili sinne, kun sai jalkansa kuntoon. Pidimme kirjeitse yhteyttä vielä senkin jälkeen, kun olin palannut Suomeen heinäkuussa 1962. Kun molempien elämään tuli uusia kuvioita, yhteydenpito pikku hiljaa jäi.

Neljäkymmentäkolme vuotta myöhemmin kävin serkkuni Helenan kanssa Heidelbergissä. Kaufhof-ostoskierroksen jälkeen vierailimme tietenkin Heidelbergin linnassa. Nojasimme linnanpihaa ympäröivään muuriin seuraten turistiryhmien kokoontumista pihalle. Opas kertoi tarinaa menneiltä ajoilta, kun linnan tornissa asui ruhtinas kauniin ruhtinattarensa kanssa. Ruhtinas joutui silloin tällöin tiluksia tarkastaessaan olemaan kauan poissa kotoa. Ruhtinatar ei suinkaan jäänyt yksinäisyyttään suremaan, vaan hänen komea rakastajansa saapui juuri silloin kyläilemään. Kerran ruhtinas palasi sovittua aikaisemmin kotiin, rakastaja pelästyi ja loikkasi hädissään tornin ikkunasta linnanpihalle. Mies katosi. Ainoastaan hänen kenkänsä jälki painui auringon lämmittämään asfalttiin ja siellä se on nähtävissä vieläkin. Sen takia jokaisen turistiryhmän miehen piti sovittaa jalkansa kengänjälkeen todistaakseen, että juuri hän saattaisi olla kadonnut rakastaja. Syntyi paljon naurua ja iloa tästä operaatiosta. Rakastajaa ei ole vieläkään löydetty.

Näin siis Helenan kanssa vuonna 2005. Hauska opaskierroksella kuultu tarina herätti muistiin Ulin kanssa viettämäni ajan. Vieläkö hän asuu Heidelbergissä? Kotimaahan palattuani päätin selvittää Ulin osoitteen. Otin yhteyttä saksalaiseen osoitetoimistoon ja pyysin tietoja. Sain sieltä kolmen samannimisen henkilön osoitteet. Lähetin kortin kaikille kolmelle – yksi osoite osui oikeaan. Aloitimme neljänkymmenen vuoden tauon jälkeen kirjeenvaihdon. Vuonna 2012 Uli tuli vaimonsa Stefanien kanssa vierailemaan luokseni. Hän on jo vuosia ollut eläkkeellä kemian opettajan toimestaan ja sairastaa Parkinsonin tautia. Koska Uli ei sairautensa takia pysty enää matkustamaan, luulen, että hänen vuonna 2012 tapahtunut vierailunsa oli meidän viimeinen tapaamisemme.

Viestejä kotimaasta

Kevät oli jo pitkällä. Olin päivittäin Birkenhöh'ssä työtä tehdessäni miettinyt kotiinlähdön ajankohtaa. Sellaisina hetkinä koti-ikävä valtasi mieleni ja taisipa siinä kyynelkin vierähtää. Kirjeet Suomesta synnyttivät toiveen pikaisesti saapuvasta kesästä ja kotimatkasta. Toisaalta olin iloinen, että aikaa oli vielä jäljellä kokea tämä ainutkertainen elämyksellinen Saksan vuosi.

Päätin tilata Helsingin Sanomat tutustuakseni uutisiin Suomesta, sillä Saksassa olin niistä täysin tietämätön. Uutisia kyllä riitti. Kerrottiin, että Urho Kekkonen aloitti toisen kautensa presidenttinä 1.3.1962 saatuaan valitsijamiesten suorittamassa vaalissa yli 65 % ääniosuuden. Luxemburgissa 18.3.1962 järjestetyissä euroviisuissa 16-vuotias Marion Rung oli tullut sijalle 7 kappaleellaan Tipi Tii. Twistin ja tangon huuma oli vallannut Suomen. Televisiossa seurattiin Tuplaa tai kuittia ja James Bond oli ilmestynyt valkokankaalle. Lapset katselivat Kylli-tädin satupiirroksia. Kesäkuussa 1962 Pentti Nikula hyppäsi seipäällä uuden maailmanennätyksen 494 cm.

Brasilia voitti jalkapallon maailmanmestaruuden.

Opettaja paikallisesta kansakoulusta tuli kysymään, voisinko tulla kertomaan lapsille Suomesta. Nythän minulla oli materiaalia ja ajankohtaisia uutisia. Otin mukaan muutaman Hesarin, kerroin niiden pohjalta juttuja ja jaoin kaikille näytteeksi suomen kielestä oman sivunpuolikkaan lehdestä.

Olin lukenut pitkän saksan kurssin Joensuun Yhteiskoulussa opettajamme *Airi Virtamon* tiukassa ohjauksessa ja opetellut kieliopin, josta oli täällä odottamatonta iloa. Saksan kielessä on viisi deklinaatiota aina sen mukaan, millainen sanan monikon pääte on. Ensimmäisen deklinaation monikon tunnus on -e ja kaikki substantiivit ovat joko maskuliineja tai neutreja. Siihen kuuluu kuitenkin myös poikkeuksellinen joukko feminiinejä, jotka kaikki oli koulussa opeteltava ulkoa. Kun tämän sanarimpsun luettelin, en sen hauskempaa juttua olisi voinut keksiä. Ihmiset nauroivat kippurassa, kun vauhdilla annoin tulla: die Axt, die Bank, die Braut, die Brust, die Kuh, die Kunst, die Luft, die Macht, die Magd, die Maus, die Wand, die Wurst eli suomeksi: kirves, penkki, morsian, rinta, lehmä, taide, ilma, valta, piika, hiiri, seinä, makkara.

Valokuvaaja löytää sunnuntaikatseeni

Minusta oli hauskaa, että tapasin pensionaatissamme alati vaihtuvia ihmisiä milloin hotellin vieraina, milloin ravintolan asiakkaina. Oluella pistäytyi silloin tällöin aika itsetietoinen herra nimeltään *Hans-Otto Umbreit*. Hänen isänsä omisti Bad Königin pääkadulla sijaitsevan valokuvausliikkeen – sieltä ostin heti tultuani syksyllä ensimmäisen järjestelmäkamerani.

Hans-Otolla oli paljon naisystäviä. Eräänä päivänä hän ilmestyi ravintolaamme kauniin daamin kanssa

Foto Umbreit, ensimmäinen valokuva uudella kameralla (kuva Hans-Otto Umbreit).

Hans-Otto Umbreitin kanssa Hirschhornin terassilla.

Lampaat kuljeskelivat vapaasti
Hirschhorn-linnan alueella.

kertoen, että naisystävä oli suomalainen. Keskustelussa ilmeni, että neitonen oli kotoisin Turusta. Kerroin hänelle, miksi olin Bad Königissä ja mistä olin kotoisin. Jälkeenpäin Hans-Otto kertoi minulle ystävättärensä sanoneen, että koska puhuin omituista Pohjois-Karjalan murretta, hän ei turkulaisena ymmärtänyt siitä juuri mitään.

Keväällä teimme Hans-Oton kanssa retken ihanaan saksalaiseen linnaan nimeltään Hirschhorn. Matkan aikana autossa hän kylläkin huomautti minulle paljaista sääristäni, sillä sukat olisivat hänen mielestään olleet elegantimmat, mutta sai nyt kelvata. Saksalaiset linnat kuten tämäkin on rakennettu korkealle ympäröivien vuorten rinteelle varmaankin turvallisuussyistä. Muureja pitkin kiemurtelivat köynnökset, jotka muistuttivat satua prinsessa Ruususesta. Lampaat kuljeskelivat vapaasti linnan alueella. Linnan kahvilan terassilta avautui upea näköala alas Neckarille. Iltaisin oranssinpunaisten lyhtyjen valossa joki näytti satumaisen kauniilta pitkien jokilaivojen liikennöidessä ohi tavaralasteineen.

Joskus Hans-Otto inspiroitui katselemaan minua tarkkaan ja totesi lopulta, että minulla oli hänen mielestään silmissäni Schlafzimmerblick (makuukamarikatse), jonka hän minun suuttuessani muutti muotoon Sonntagsblick (sunnuntaikatse). Sen hyväksyin. Myöhemmin hän Suomeen lähettämässään kirjeessä kyseli, olinko jättänyt sunnuntaikatseeni Bad Königiin. Mihin olin sen piilottanut? Hän haluaisi löytää ja säilyttää sen ikuisesti luonaan ja samalla muistella

Sonntagsblick! (kuva Hans-Otto Umbreit).

hauskoja hetkiä kanssani. Hans-Otto kertoi pelkäävänsä, että koska hän ei näytä löytävän sopivaa tyttöystävää, vanhapoika-aika kolkuttelee jo hänen ovellaan. Kenen syy? Kauniita tyttöystäviä silloin aikoinaan kyllä riitti.

Tervehdyksiä Berliinistä

Monien hotellivieraittemme joukosta muistan erityisen hyvin pienen seurueen kanssa tulleet *Frau und Herr Omankowski*n. Rouva oli Berliinin pormestari ja tunnettu sosiaalidemokraattisen puolueen poliitikko Saksassa. Hän tuli juhlimaan 60-vuotispäiviään hienot ruusuasetelmat pöytäänsä koristaen. Saksalainen sana Oma tarkoittaa isoäitiä ja sana Opa isoisää, jonka tähden Herr Omankowski esitteli joskus itsensä leikillään sukunimellä Opankowski.

Jostain syystä Gaydoulit eivät pitäneet seurueesta. Olisiko se johtunut siitä, että berliiniläisiä pidettiin yleisesti koppavina ja muihin nähden ylemmyydentuntoisina? Vai olisiko syy ollut se, että Gaydoulit vierastivat sosiaalidemokraattista puoluetta edustavan vieraan asumista hotellissaan? Heidän kylmäkiskoinen asenteensa välittyi valitettavasti vieraisiin. Ehkäpä sen takia Frau Meta Omankowski antaessaan muhkean juomarahan ja kiittäessään palvelusta sanoi, että olin heidän mielestään "Liebling des Hauses" eli talon lemmikki. Sain heiltä myöhemmin kivan korttitervehdyksen Berliinistä.

Berliini oli yhä uutisissa, vaikka muurin rakentamisesta oli kulunut 10 kuukautta. Tilanteeseen oli totuttu. Rajan viereisiä rakennuksia alettiin hajottaa kesäkuussa 1962. Sadan metrin päähän rakennettiin myöhemmin uusi muuri. Väliin jäi tyhjä kaistale, jota alettiin kutsua "kuoleman käytäväksi". Pakeneminen idästä länteen oli entistä vaikeampaa ansoitetun alueen läpi.

Saksalaiset, säästäväisiä vai eivät?

Tiesin, että saksalaisia pidettiin säästäväisinä, mutta en havainnut sitä piirrettä arkielämässä. Jotkut asiat kiinnittivät kuitenkin huomiotani. Gaydoulien perhe ei koskaan käynyt vieraisilla missään eikä kukaan käynyt heillä kylässä niin kuin Suomessa oli tapana. Tuttuja tavattiin tavernassa tai vastaavissa paikoissa, ei yksityiskodeissa.

Millainen oli saksalainen koti, sitä en yleisesti tiedä. Kodinsisustuksesta ei koskaan puhuttu mitään, mutta luulen muiden kotien muistuttaneen sitä, mitä Gaydouleilla näin: huonekalut edellisiltä sukupolvilta perittyjä, raskaita ja tummia. Birkenhöh'n konttorissa samoin kuin Gaydoulien kodin huoneissa oli suurikuvioisia tapetteja. Ikkunalautoja ei ollut. Kotona Suomessa ikkunalaudoilla kukkivat punaiset pelargoniat toivat sisustukseen kodikkuutta. Väriä antoivat virkatut tai kudotut liinat pöydillä, ryijyt seinillä ja lattioilla äidin kutomat iloiset räsymatot, joiden kuteet oli leikattu perheen käyttämistä vanhoista vaatteista. Kangaspuut seisoivat aika ajoin keittiössä odottamassa kiireistä emäntää kutomaan – kaikki tekstiilit kodissa olivat äitini tekemiä. Olohuoneen huonekalut oli ostettu sodan jälkeen vuonna 1945, kun muutimme uuteen taloon Viinijärvellä. Persoonallisuus ja värikkyys, näitä piirteitä en saksalaisissa kodeissa nähnyt.

Saksalaisesta säästäväisyydestä sain hyvän osoituksen kerran, kun eräs Frau Gaydoulin naistuttava tuli päiväkahville maanantaina pensionaatin ollessa suljettu. Istuimme ravintolan puolella – Gaydoulien yksityispuolelle ei saanut mennä. Keskustelun lomassa nautimme kahvia ja palan tarjolle tuotua pyöreätä kahvikakkua. Se maistui ummehtuneelta ja kitkerältä. Missä nyt olivat ne ihanat kermakakut, joita tarjottiin ravintola-asiakkaille? Oliko syy siinä, että kyseessä ei ollut maksava asiakas? Vieras piti kakkua syödessään ilmeensä peruslukemilla ja lähtiessään kiitteli tarjoilusta. Meillä kotona oli ilman muuta selvää, että vieraille tarjottiin parasta mahdollista. Mietin, menikö tämä kakku takaisin kellariin odottamaan seuraavaa päiväkahvilla kävijää. En sitä sen koommin nähnyt.

Toinenkin tapaus herätti huomiotani. Oli maanantai ja vapaapäivä. Perhe oli mennyt asioilleen. Olin yksin paikalla, kun puhelin soi. Paikallisen pankin johtaja olisi halunnut keskustella Frau Gaydoulin kanssa ja kun tämä ei ollut paikalla, pyysi minua välittämään viestin. Se koski lainan erääntymistä – maksupäivä oli mennyt umpeen. Frau Gaydoul ei ilahtunut ilmoituksesta, jota ei tietenkään olisi saanut minulle kertoa. Ehkä heidän rahatilanteensa oli niin tiukka, että piti säästää jopa vieraalle tarjottavasta kahvikakusta?

Yrityksen raha-asiat eivät minulle kuuluneet. Kun asiakas maksoi setelillä jonkin tilauksensa, vaihtorahat antoi Herr Gaydoul. Käteiskassa säilytettiin kassapöydän alla olevassa lukitussa laatikossa, jonka mekaaninen koodi aukesi painelemalla pöytälevyn alla olevia nappeja oikeassa järjestyksessä. Sattumalta opin koodin – niinpä minäkin osasin antaa rahasta takaisin. Kun Herr Gaydoul havaitsi tämän, hän vaihtoi koodin. Kyse ei ollut epäluottamuksesta minua kohtaan vaan siitä, miten asioita kuului hoitaa.

Wunderschön, Herr Dingelthan

Birkenhöh'n eloisa ilmapiiri oli tullut minulle jo perin tutuksi – silti yhä sain yllättyä uudesta persoonallisesta hotellivieraasta. *Herr Dingelthan* oli kuin suoraan vanhasta mustavalkofilmistä esiin astunut näyttelijä. Hän oli kulkuri, jolla ei ollut kotia. Niinpä hän kiersi hotelleissa, viipyi täyshoidossa viikon päivät ja maksoi oleskelunsa esiintymällä iltaisin ravintolassa. Herr Dingalthan majoitettiin yöksi vaatehuoneeseen. Tyylikkäänä ja hymyilevänä nukkavierussa puvussaan ja kravatti kaulassaan hän asettui pianon ääreen ja esitti ikivihreitä iskelmiä, joiden sanat hän sepitti uudestaan.

Muistan hänen monista hauskoista lauluistaan yhden: "Valencia, deine Augen Hüneraugen sind so wunder-wunderschön" eli Valencian silmät muuttuivat liikavarpaiksi, jotka olivat aivan iki-ihanat. Ravintolavieraat kerääntyivät ilta toisensa jälkeen pianon ääreen ja tietysti tarjosivat musikantille snapseja, jotka tuntuivat maistuvan. Kerrotaan hänen kerran uineen vaatteet päällä kylän keskellä olevassa suihkulähteessä – ehkä snapsien vaikutuksesta silloinkin.

Herr Dingelthan oli sympaattinen, sydämellinen ja aina tervetullut kierroksellaan uudestaan viihdyttämään vieraitamme.

Nikke ja Stepakin pääsivät kuuntelemaan Herr Dingelthanin hauskoja lauluja.

Päiväkahvilla Birkenhöh'n terassilla (kuva Hans-Otto Umbreit).

Nikke ja Stepa saapuvat kesätöihin

Veljeni *Nikke* kirjoitti keväällä 1962 haluavansa tulla työharjoitteluun Saksaan, jos onnistuisin löytämään hänelle ja opiskelukaverilleen *Teemu Snikkariselle* sopivaa työtä. Kyselin ravintolassa asiakkailta ja perheen tutuilta, kirjoitin jopa Bodolle Kaierdeen, joka yritti hänkin löytää työtä ja lupasi kotonaan kortteerin. Se tosin saattaisi olla vaikeaa, koska heille odotettiin neljättä lasta syntyväksi kesän alussa.

Gaydoulin perheen tuttavapiiristä työpaikat sitten löytyivät. Pojat ilmestyivät kesäkuun alussa Bad Königiin. Ensimmäisen yönsä he nukkuivat Haus Birkenhöh'ssä ja sitten työnantajiensa järjestämässä majapaikassa.

Stepan työ alkoi heti seuraavana aamuna. Nikke sai lomailla vielä päivän. Yrittäessään aamulla lähteä työpaikalleen, Stepa huomasi, että kaikki pensionaatin ovet olivat takalukossa eikä ikkunoitakaan saanut auki. Hän keksi hilautua toisen kerroksen parvekkeelle ja pudottautua sieltä yli kahden metrin matkan alas pihalle. Kello oli kuusi aamulla ja perhe nukkumassa. Onneksi hän ei loukannut itseään ja pystyi ajoissa ilmoittautumaan työpaikalleen. "Püncktlich muss es sein" eli täsmällisyys on valttia, sanovat saksalaiset.

Mustikkaretkellä pojat pelottelevat villisikoja näyttämällä nyrkkiä.

Nikke ja Stepa
juhannustuulella
palailemassa
Heidelbergin linnan
juhlista.

Niken juhannusyö
puistonpenkillä.

Nikke oli työssä Gaydoulien tuttavan Johan Helmin autotallin ovia valmistavassa työpajassa, Stepan työpaikan olen unohtanut. Poikien työpäivä alkoi klo 7 aamulla ja päättyi illalla klo 18. Ruumiillinen työ opiskelun jälkeen oli aluksi raskasta. Firman omistajan Johan Helmin tapana oli pitää yllä rivakkaa työtahtia huutamalla välillä "Tempo! Tempo! Tempo!", kun katsoi työläisten hidastelevan. Pitkään työpäivään sisältyi vain pari lyhyttä eväs- ja kahvitaukoa.

Oli ihanaa puhua taas suomea ja liikkua tutussa seurassa. Kävimme yhdessä oluella, syömässä illalla paikallisessa kuppilassa ja poimimassa mustikoita metsässä. Heidän kanssaan ei tarvinnut pelätä villisikojen hyökkäyksiä. Kiertelimme tutustumassa Bad Königin nähtävyyksiin ja Annegretin kahvilaan Café am Schlossiin Raatihuoneen aukiolla. Annegret olisi ollut kovasti kiinnostunut seurustelusta jommankumman kanssa, mutta Stepa oli jo löytänyt uuden ihastuksensa Hilden eikä Nikkeäkään kiinnostanut.

Pojat tekivät muistorikkaan juhannusmatkan Heidelbergiin. He juhlivat juhannusta Heidelbergin linnassa yhdessä pohjoismaisten ylioppilaiden kanssa. Valokuvien hämärästä valotuksesta ja päähenkilöiden hoipertelevasta kävelystä päätellen he olivat löytäneet Falle (loukku) -nimisen olutkellarin, jossa saksalainen olut oli maistunut. Yösijaa ei kumpikaan ollut etukäteen varannut. Nikke näkyy valokuvan mukaan nukkuvan puku päällä ylioppilaslakki päässään puiston penkillä, josta poliisi oli turhaan hätistellyt häntä pois. Kuvan alle kirjoittamani tekstin mukaan Stepa nukkui pensaassa.

Nikke ja Stepa olivat tulleet kesäkuun alkupäivinä. Opiskelujen jatkaminen kutsui heidät elokuun puolivälissä takaisin Suomeen. Itsehän palasin kotimaahan jo pari viikkoa aiemmin jättäen heidät selviämään loppuajan omin päin. Uskon, että heidän saksan kielensä oli parantunut ja hauskaakin oli ollut.

Minä joka tapauksessa olin oikein onnellinen heidän seurastaan. Oli kuin olisin Saharan autiomaan kuivuudessa vaellettuani löytänyt virkistävän keitaan ja janoisen kamelin tavoin juonut pitkästä aikaa raikasta vettä. Jälkeenpäin poikien kanssa suomea puhuttuani saatoin luulla puhuvani perheelle saksaa, mutta selostinkin heille jotain suomeksi. Tajusin virheen vasta nähtyäni heidän hämmästyneet ilmeensä.

Kesälomamatka Italiaan

Olin tehnyt vuoden työsopimuksen oleskelustani Saksassa. Aika alkoi tulla täyteen heinäkuussa 1962. Niinpä kesäkuun lopulla viikon irtiotto työstä tuntui houkuttelevalta. Tutkin Volksbankin pankkikirjaani ja sinne tallettamiani palkkarahoja. Vaikka tuloni eivät olleet kaksiset, olin sentään saanut ilmaisen majoituksen ja ateriat. Kulujahan ei juuri ollut kampaamokäyntien, perustarvikkeiden ja junamatkojen lisäksi, joten säästöön oli jäänyt ihan mukavasti ylimääräistä.

Matkatoimistojen esitteistä löysin halvan matkan Italian Rivieralla sijaitsevaan Loanoon. Matkapuvustoksi ostin shortsiasun ja pakkasin kassiin bikinit sekä pari muuta kesäistä asua, koska tiesin auringon paistavan siellä siihen aikaan kuumasti. Ihana hattuni Papierkörbchen oli vielä tallessa, joten otin sen mukaan suojaamaan liialta auringolta.

Keskellä yötä seisoin Darmstadtin rautatieasemalla odottamassa lomajunaani. Se oli lähtenyt jo aamupäivällä Hampurista, kulki halki koko Saksan ja Sveitsin aina Rivieralle saakka. Juna keräsi matkan varrelta lomalaiset kyytiinsä ja tiputti heidät sitten omien lomakohteittensa asemille. Lippuni mukaan löysin paikan kuuden hengen loosista – samanlaisia looseja näytti olevan jokaisessa vaunussa. Katselin uteliaana loosini matkustajia ja havaitsin, että ikkunapaikoilla istui häämatkallaan oleva rakastunut pari, jolla oli silmiä vain toisilleen. Onpa varsinainen häämatka täpötäydessä junassa, ajattelin.

Meille jaettiin eväspussit. Pistäydyin syömässä ravintolavaunussa ennen yöunia. Istuimien selkänojat nostettiin ylös – näin saatiin molemmille sivustoille kolme vuodetta, jollaiseen sitten kömmin minäkin. Onpa varsinainen hääyö, ajattelin, kun katselin hääparin asettumista omille vuoteilleen.

Nukuin koko yön hyvin. Aamulla ihastelin lumoutuneena Alppeja junan puuskuttaessa kohti etelää Sveitsin jylhän kauniissa vuoristomaisemassa. Ylhäällä vuorien rinteillä näkyi pikku mökkejä ja niityillä laiduntavia lehmiä. Miten ihmeessä ne oli saatu sinne ylös? Lehmien oli varmaan kivuttava sinne pitkin kapeita kivisiä vuoristopolkuja. Aamupesun jälkeen junan kuulutus ilmoitti, että jonkun sormus oli löydetty vessasta. Sulhanen katsoi kättään ja pomppasi ylös.

Loanon asemalla odotti pikkubussi. Se vei minut hotelliini, joka oli puolen kilometrin päässä rannasta. Ilmankos matka oli halpa! Lisäefektinä pohjakerroksessa sijainneen huoneeni ikkunasta avautui näköala, joka muodostui metrin päässä olevasta vastapäisestä seinästä. Mutta mitä siitä – Pensione Mirafiori oli hotellini, aurinko paistoi ja hengitin elämäni ensimmäisen kerran Italian Rivieran ilmaa.

Loanon palmupromenadi oli rannan suuntaisesti kulkeva Corso Roma -katu. Sitä pitkin kuljin hotellini omalle pienen pienelle uimarannan pätkälle. Sain lepotuolin, uimakopissa vaihdettua bikinit ja pääsin maistelemaan suolaista merivettä aaltoihin. Siinä istuskellessani rantaviivalla ja uittaessani varpaita vedessä viereeni rantautui milloin minkinlainen Ahti aalloista tai tuli koputtelemaan pukukopin ovea. En välittänyt reagoida. Olin nuori, nätti, vaalea ja kuljeskelin yksin, joten liikuinpa missä tahansa, tummat katseet seurasivat herkeämättä. Opin saman tien jotain uutta – an-

Italialainen tuttavuuteni Colombo Carlo ja Papierkörbchen.

noin välinpitämättömän katseeni lipua miesten ohitse katsomatta ketään silmiin. Sain kulkea rauhassa.

Yksi tapaus oli poikkeus. Olin ennen Italian matkaa Birkenhöh'n terassilla törmännyt pöydän kulmaan ja saanut reiteen suurehkon mustelman. Se keräsi katseita liikkuessani shortseissa kaupungilla. Eräänä aamuna, kun olin menossa rantapromenadia pitkin uimarannalle, pelottavalta vaikuttava outo mies alkoi polkupyöräänsä taluttaen seurata minua. Nopeutin kulkuani, mutta en saanut häntä karistettua kannoiltani. Pelästyin. Mitä tapahtuisi, jos hän seuraisi perässäni uimarannalle? Onneksi edellä kulki saksalainen turistiseurue. Kysyin heiltä, saanko kulkea heidän mukanaan ja selitin syyn. Vähitellen seuraajani katosi, kun kuvitteli minun kuuluvan seurueeseen. Siitä lähtien liikuin kaupungilla iltaisin samassa hotellissa asuvan kahden saksalaiskaverin kanssa. Toinen heistä oli *Gerhard Dorst* – hänestä kerron lisää myöhemmin.

Jossain vaiheessa tutustuin italialaiseen *Colombo Carlo*on ja tein hänen kanssaan pienen retken läheiseen oliivitarhaan. Istuskelimme sanomalehtien päällä ja katselimme, kun ympärillämme työskentelevät oliivinpoimijat keräsivät koreihinsa kesän satoa talteen. Juuri mitään en käsittänyt Carlon italiankielisestä puheesta – ehkä vain sen, että hän halusi minut

Saksalaiset matkatoverini, joiden kanssa eksyin Nizzassa.

Kahvitauko palmun varjossa matkalla Monacoon.

Visito Milano ja että hän oli Coca Cola -edustaja ammatiltaan. Sen päättelin siitä, että hän näytti Coca Cola -mainosta lehdestä ja käsillään elettä kuin ajaisi autoa. Eipä tainnut sekään osua oikeaan, mutta sillä ei ollut väliä, koska en kuitenkaan aikonut vierailla Milanossa.

Saksalainen matkatoimisto myi päivän matkoja Monacoon. Bussimatkalla pysähdyimme Nizzassa kahdeksi tunniksi. Lähdin kahden matkatoverin kanssa katselemaan kapeiden katujen yläpuolella riippuvia pyykkejä ja eksoottista katuvilinää. Seuraus oli, ettei kukaan meistä muistanut enää kohtaamispaikkaa eikä kukaan osannut italiaa. Pieni ihme, että löysimme bussin ja pääsimme jatkamaan matkaa pitkin tietä, joka kulki jyrkän vuorenseinämän keskipaikkeilla. Pudotus mereen oli paikoitellen 750 metriä. Kaukana alapuolellamme näkyivät Monaco ja Monte Carlo.

Monaco on ihmeellinen ja tarunhohtoinen paikka ruhtinaineen ja prinsessoineen. Kiertelin ryhmän kanssa palatsissa, ihmettelin tyylikkäitä uima-altaita ja upean Monte Carlon pelikasinon kultauksia. Itse pelikasinoon ei ollut menemistä, sillä sinne olisi pitänyt maksaa pääsymaksu. Aikaa ei rulettipöydissä pelaamiseen olisi ollut riittävästi eikä itse asiassa rahaakaan. Kolikoilla olisi voinut pelata kasinon aulassa olevilla auto-

Alhaalla laaksossa Monaco ja Monte Carlo.

Monacon linnaa ympäröivällä muurilla.

57

Saksalainen tuttavani Gerhard Dorst asui samassa hotellissa.

maateilla. Tirkistelin muurilla olleesta kiikarista ympäröivää maaseutua ja seurasin vahdinvaihtoa palatsin edessä. Venesatamassa keinuivat upeat huvipurret, mutta en nähnyt vilaustakaan niiden omistajista.

Lomaviikko Italiassa kului vauhdilla. Aurinko paistoi ja antoi kalmankalpealle iholleni hieman rusketusta. Oli ollut kiva uida ja maleksia kaduilla katselemassa vaateliikkeiden ikkunoita, maistella ihanaa jäätelöä ja kuunnella paikallista musiikkia.

Aurinkoinen ja elämyksellisen viikko oli ihan liian pian ohi. Odotin jälleen Loanon rautatieasemalla lomajunaa takaisin Bad Königiin. Oli tosin lähellä, että loma olisi vielä jatkunut – matkatoimisto unohti hakea minut pikkubussillaan hotellista asemalle. Onneksi saksalainen hotellituttuni *Gerhard Dorst* vei minut junalle ja osoittautui myöhemmin yllätykselliseksi siteeksi koulukaupunkiini Joensuuhun. Hän toimi Freiburgin kunnallisessa elämässä tehtävänään vastaanottaa eri maista tulevat valtuuskunnat. Heti palattuaan lomalta työhönsä ensimmäiset vieraat tulivat Joensuusta ja – näin Gerhard kertoi myöhemmin kirjeessään – heidän joukossaan *Pirkko* ja *Reijo Kärnä*. He toivottivat Gerhardin sydämellisesti tervetulleeksi vierailemaan Joensuussa. Reijo oli maininnut muistavansa minut kouluajoilta ja tanssineensa koulun juhlissa kanssani. Hän taisi olla Joensuun Lyseon

Päiväkahvitunnelmaa Birkehöh'n terassilla.

oppilaita – minä puolestani yhteiskoululaisena en tuntenut nimeltä lyseolaisia enkä siis muistanut Reijoa. Koulujen yhteisissä juhlissa oli kyllä aina hauskaa.

Halasin ja kiitin Gerhardia siitä, että hän toi minut ajoissa asemalle. Vilkutin hänelle hyvästiksi ja etsin junassa oman kuuden hengen loosini. Tällä kertaa samassa osastossa matkusti herttainen pariskunta, molemmat jo yli seitsemänkymppisiä. Ihailin heidän suhtautumistaan toisiinsa – yhteisymmärrystä, lempeää keskustelua ja rakkautta, joka paistoi heidän eleissään ja puheissaan. Toivoin hiljaa mielessäni, että samanlainen onni seuraisi tulomatkan nuorta hääparia.

Tuttu työympäristö, uudet ihmiset

Palasin viikon poissaolon jälkeen taas tuttuun työntouhuun kertoen Italian matkan kokemuksista ja tapaamistani ihmisistä kaikille, jotka jaksoivat kuunnella. Olin virkistynyt ja valmis vastaanottamaan uudet hotellivieraat. Niinpä odotinkin iloisena vilkkaan kahvilaelämän alkamista niiden viikkojen ajaksi, jotka vielä olin Birkenhöh'ssä.

Kesä- ja heinäkuussa 1962 tapasin kahvila-asiakkaina muutamia per-

Carlo ja Maurizio, italialaiset työtoverini.　　Maurizio ja minä työasuissamme.

heitä, joiden mukana oli kieliharjoitteluun Suomesta saapunut koululainen. Perhe oli kuullut minun olevan Suomesta ja tuli onnettomana kyselemään, voisinko selvittää, mitä nuori vieras haluaisi nähdä tai tietää ympäristöstä tai vaikkapa mitä ruokaa syödä – tämä kun ei uskaltanut puhua juuri mitään. He toivoivat myös hänen kertovan perheestään, ystävistään ja millaista oli elää Suomessa. Selvitin ongelmat puolin ja toisin. Kehotin käyttämään sanakirjaa ja rohkeasti puhumaan, sillä muutenhan matkasta ei olisi mitään hyötyä.

Heti saavuttuani lomalta töihin tutustuin uusiin työtovereihini *Maurizio*on ja *Carlo*on. He olivat kotoisin Venetsiasta ja olivat pohjoismaisen vaaleita ja pitkiä. Naispuoliset kahvilavieraat ihastuivat erityisesti vaaleatukkaiseen Maurizioon ja pyytelivät häntä iltaseurakseen. Molemmat olivat charmantteja herroja, joitten ainoa huono puoli oli se, että he halusivat ampua pikkulintuja ruuaksi. Kun moitiskelin heitä siitä ja taisin huolehtia heistä muutenkin, nuoret herrat alkoivat kutsua minua lempinimellä ”Mutterchen” eli pikkuäiti.

Carlo oli hieman syrjäänvetäytyvä eikä tuntenut oloaan kotoisaksi tar-

Tyylikkäät italialaiset tarjoilijatoverini.

joilijana. Niinpä hän meni mieluummin keittiöön tiskaamaan ja järjestele-
mään astioita. Saksalaisesta ruuasta hän ei ollenkaan pitänyt ja valitti usein
"Kartoffel, Kartoffel, immer Kartoffel!" eli "Perunoita, perunoita, aina pe-
runoita" – eipä siellä tosiaankaan pastaa tunnettu. Olin hämmästynyt ja
iloinen, kun Carlo kotiin palattuaan lähetti minulle muistoksi vuorilta ke-
räämiään Edelweiss-alppitähtiä.

Maurizion ja Carlon töihin tullessa olin luovuttanut huoneeni heidän
käyttöönsä ja nukuin loppuajan Gaydoulien olohuoneen sohvalla. Onneksi
oli kesä, sillä jos olisi ollut syksy tai talvi ja minun olisi pitänyt nukkua sak-
salaisten kanssa samassa makuuhuoneessa, olisin paleltunut. Heidän käsi-
tyksensä mukaan kylmässä makuuhuoneessa nukkuminen on terveellistä –
sen takia pakkasellakin ikkunat pidetään auki. Paksujen untuvatäytteisten
peittojensa alla he ehkä tarkenevat ottaa terveysunensa.

Maurizion isä oli Venetsian pormestarin assistentti. Vuosia myöhem-
min tapasin Venetsian matkallani Maurizion ja hänen vaimonsa, joka oli
perinyt vanhemmiltaan ihanan pienen hotellin Rialto-sillan kupeessa.

Ristiäiset Kaierdessa

Kesällä 1962 Sanderin perheeseen syntyi neljäs lapsi Christoph ja sain iloksani kutsun hänen kummikseen. Oli ihana heinäkuun hellepäivä vain pari viikkoa ennen kotiinpaluutani. Istuimme ulkona puutarhassa, katselimme vauvaa vanhanaikaisessa vaunussaan, lauloimme ja söimme terveellisesti. Siellä tapasin myös Bodo Sanderin taiteilijaystävän *Herr Riecken*. Käydessäni hänen verstaallaan ihailin tyylikkäitä savitöitä, värikkäitä maljakoita, joita sain myöhemmin myös lahjaksi.

Kummipoikani Christophin ristiäispäivä Kaierdessa.

Pieni tapahtuma on jäänyt mieleeni. Olin Marien ja lasten kanssa kävelyllä niityn reunassa kulkevalla polulla. Aitauksessa seisoi aasi. 3-vuotias Mathias osoitti sitä sormella ja sanoi: "Das Esel". Marie oikaisi: Ei Mathias, ei se ole das Esel, se on der Esel. Kielioppi on hyvä opetella jo lapsena.

Kun vuonna 1975 vierailimme perheeni kanssa Kaierdessa, tapasin uudestaan silloin jo 13-vuotiaan Christophin. Hänen 17-vuotias isoveljensä Mathias oli kääntynyt Hare Krishna -uskontoon. Jos oli isänsä ollut uudistusmielinen pappi, samanlainen etsivä sielu tuntui olevan poikakin.

Saksassa viettämästäni ajasta on kulunut yli 50 vuotta. Saan Bodolta yhä vielä jouluisin kirjeen, jossa hän kertoo kuulumisiaan, vaikka huonontunut näkö tekee kirjoittamisesta vaikeaa. Voimia ei enää riitä melkein 90-vuotiaana vetää mietiskely- ja hiljaisuusretriittejä, joita hän aktiiviaikoinaan järjesti kesäisin omalla Espanjan leirillään.

Kotimatka lähestyy

Italian loman ja Kaierden ristiäisten jälkeen oli pari viikkoa aikaa pakata kertynyt omaisuus Herr Gaydoulin lahjoittamaan puulaatikkoon. Suunnilleen samat vaatteet, mitkä olin tuonut vuotta aikaisemmin tullessani, palasivat takaisin. Olin ostanut Italian matkaa varten shortsiasun ja Kaufhofista muutaman puseron – siinäpä vuoden vaateostokset oikeastaan olivatkin. Ihana musta angoraneuletakki 100% villaa oli ainoa kallis hankinta – olin ostanut sen hotellissa asuneelta kutomon edustajalta. Tyttärelläni Sannalla se on edelleenkin tallessa.

Brigitte Bardot'n muotia Viinijärven kylänraitilla, mallina sisareni Ulla.

16-vuotiaalle Ulla-sisarelle lähti tuliaisena muodikas tyllirimpsuilla koristettu alushame. Ranskalainen filmitähti Brigitte Bardot oli luonut uuden muoti-ilmiön. Leveähelmaisen hameen alle piti pukea tärkätty alushame, joka nosti päällyshameen helman koholle. Myytävänä oli myös ohuella vanteella vahvistettuja alushameita. Kotioloissa keitimme perunajauhovellin, kastelimme alushameen siinä ja näin tärkkäsimme sen itse.

Muistelin mielessäni kotitaloa, ohi virtaavaa Taipaleenjokea ja mietin, miltä tuntuisi palata takaisin entisiin ympyröihin.

Kaipaisinko takaisin Birkenhöh'n kiireiseen hyörinään kahvilavieraineen ja aina uusine tuttavuuksineen? Olin viihtynyt siellä hyvin. Joskus ajattelin, että ellei Hanski olisi sanonut odottavansa paluutani, olisin ehkä jäänyt Saksaan. Olin oppinut kielen aika hyvin, jopa ymmärtämään eri puolilta Saksaa tulleiden ihmisten murteita. Odenwaldin murre taisi kuitenkin olla niitä vaikeimpia. Kun siellä sanottiin saksan kirjakielellä esimerkiksi "Was hat der Vater gemacht?" eli "Mitä isä on tehnyt?", he sanoivat "Ws ht d Vati gemht?" ja kiekaisivat perään "gel", mikä tarkoitti, että eikö niin. Frau Gaydoul opetteli hänkin hieman suomea eli sanomaan "Kiksi, kaksi, koksi" ja totesi, että onpa konstikas kieli.

Toinen asia oli, että sieltä kaikki matkat naapurimaihin olivat lyhyitä.

Pieni huiskaus ja olit Italiassa tai Ranskassa – ei tarvinnut ensin laivalla ylittää merta ja jatkaa sitten eteenpäin. Tuli kaukokaipuu nähdä enemmän maailmaa. Käydä Roomassa tai vaikkapa Milanossa niin kuin Colombo Carlo oliivilehdossa ehdotti tai matkustella enemmän Saksassa, missä katsottavaa ja uusia elämyksiä olisi riittänyt.

Olinko opettanut jotain suomalaista Gaydoulin perheen naisille? En kenties mitään – tai ehkä sen, kuinka pestään hiukset kotona. Saksalaisilla on yleensä paksu karkea hiuslaatu, joka on aina kuohkea ja hyvän näköinen. Gaydoulin perheen naisten hiukset olivat kuitenkin ohuempaa laatua. He kävivät kerran kuukaudessa pesettämässä hiuksensa kampaajalla – jo parin viikon kuluttua ne roikkuivat rasvaisina olkapäillä. Pidin Annegretille oppitunnin: ensin kastelet tukan, sitten laitat shampoota ja hankaat, jonka jälkeen huuhtelet huolellisesti. Ensimmäistä kertaa elämässään 18-vuotiaana hän pesi hiuksensa itse.

Minä puolestani opin paljon ihan tavallisia asioita. Kotona oli ollut yksi salaattilaatu eli puutarhapenkissä kasvatettu lehtisalaatti, siellä Endiviensalat ja monta muuta laatua. Kotona syötiin reikäjuustoa tai edamia, siellä homejuustosta alkaen ranskalaisia ja italialaisia ihanuuksia, joista en ollut kotimaassa kuullutkaan.

Anniskelupuoli oli minulle täysin tuntematonta aluetta – olin kotona juonut korkeintaan kotikaljaa. Saksassa oli melkein jokaisella kylällä omat olutmerkkinsä – Birkenhöh'ssä yleisimmin juotavat olivat naapurikylien Erbacher Bier ja Dortmunder Bier, joita oli saatavilla vaaleana, tummana tai mallasoluena. Vaikka olutta juotiinkin aika reippaasti, en koskaan nähnyt humalassa hoippuvia ihmisiä.

Konjakeista arvostetuin ja kallein oli saksalainen Asbach Uralt, jonka Hugo Asbach kehitti 24-vuotiaana vuonna 1892 Reinin laaksossa Rüdesheimissä. Hän patentoi vuonna 1908 nimen Asbach Uralt (ikivanha) ja samalla konjakin tilalle keksimänsä uuden ilmaisun Weinbrand, koska ranskalaiset eivät tunnustaneet Asbach Uraltia konjakiksi. Vaikka se on saanut lukuisia palkintoja maailmalla, viimeksi vuonna 2014 kultamitalin, ei sitä myydä enää Suomessa.

Joskus joku ravintolavieras halusi tarjota minulle drinkin, milloin Jägermeisterin, milloin Martinin, jonka varomattomasti saman tien juotuani olin "ein bisschen geschwipst" eli hieman huppelissa. Opin varomaan. Martini Biancosta tuli sittemmin lempijuomani. Kun sen jatkoi vedellä ja pisti mukaan jääkuutioita, juomasta tuli raikas ja kevyt. Toinen suosittu kesäjuoma Apfelschorle valmistettiin sekoittamalla puolet omenamehua ja puolet kuplivaa mineraalivettä. Jos siitä halusi vahvemman, omenamehun tilalle voi ottaa omenaviinin.

Monenlaiset ajatukset risteilivät päässäni kotiinlähtöä ajatellen, päällimmäisenä kuitenkin se, että halusin nähdä pitkästä aikaa valoisat kesäyöt ja tavata tutut ihmiset. Kirjeet lähtivät postiin ja ilmoittivat kotiintulopäiväni. Matkustin tavaroineni ensin junalla Darmstadtiin, sieltä vaihdoin suoraan Tukholmaan menevään junaan. Loppumatka sujui laivalla Helsinkiin.

Helsingin satamassa minua odotti uskollinen Hanski-ystäväni, jonka kutsuin muutaman päivän kotiuduttuani tulemaan Viinijärvelle. Siellä alkoi matkatavaroiden purkaminen ja pyykinpesu, elämysten kertominen ja valokuvien katselu. Sauna lämpeni eikä uiminen tuonut enää suolavettä suuhun niin kuin Italiassa.

Valoisat kesäyöt olivat odottaneet saapumistani ja oma heteka antoi hyvän unen. Oli hauskaa istuskella laiturilla, seurata ongen kohon liikkeitä aallokossa ja katsella moottoriveneiden liikkeitä Taipaleenjoella. Viinijärven kylällä ei mikään ollut muuttunut. Nuoriso kokoontui iltaisin sillalle juttelemaan. Tapana oli myös pyöräillä "kymmenen junalle" eli kilometrin päässä olevalle Viinijärven asemalle katsomaan, toiko Joensuusta Helsinkiin menevä juna tuttuja matkustajia tullessaan.

Omassa elämässäni alkoi romantiikan värittämä kesä täynnä suunnitelmia tulevaisuudesta ja huolena uuden työpaikan löytäminen. Sain edelleen kirjeitä Saksasta Annegretilta, Mauriziolta, Carlolta, Ulilta, Reinholdilta ja Hans-Otolta, joka harmitteli sitä, että tutustui minuun liian myöhään, sillä olisin hänen mielestään ollut loistavaa vaimoainesta. Monet kirjeet muistuttivat tapahtumarikkaasta vuodesta Bad Königissä. Ne olivat viestejä maailmasta, jonka olin lopullisesti jättänyt taakseni.

JÄLKIKIRJOITUS

Elokuussa 1995 vierailin viimeistä kertaa Bad Königissä. Marie ja Otto Gaydoul olivat myyneet liiketoimintansa kreikkalaiselle pariskunnalle. Talon taakse oli rakennettu lisäsiipi, johon Gaydoulit olivat muuttaneet. Illalla Frau Gaydoul oli mukana kuuntelemassa ravintolassa tanssimusiikkia ja innokasta väkeä riitti.

Haikeana mietin tanssijoita katsellessani, etten tunne heistä ketään. Kolmekymmentäkolme vuotta on kulunut. Ravintolan kalustusta on uusittu, mutta seinät ovat samat. Piano on paikallaan. Missä on Herr Dingelthan hauskoine lauluineen? Musiikin korvaa nyt levysoitin. Missä on Herr Hayl korttipelisakkeineen? Stammtisch seisoo entisellä paikallaan – uudet Erbacher Bieriä juovat eläytyvät nyt tanssimusiikkiin. Vanhat tutut asiakkaat ovat siirtyneet uusiin laulukuoroihin ja korttipelirinkeihin.

Yksi on yhä jäljellä. Hans-Otto Umbreit johtaa isänsä perustamaa valokuvausliikettä. En ehtinyt pistäytyä liikkeessä kysymässä, onko hän löytänyt sunnuntaikatseeni. Ehkä ei, sillä Frau Gaydoul kertoi hänen elelevän vanhanapoikana yksikseen.

Bad Königistä on kehittynyt monipuolinen luonnonpuisto. Lukuisat patikointireitit metsäisillä kukkuloilla, terveellinen ilmanala, terveyslähteet, moderni uintikeskus, kasvitieteellinen puutarha ja sitä ympäröivät kalaisat järvet houkuttelevat terveellisestä elämästä kiinnostuneita saksalaisia.

Nyt pyörätuolissa istuen muistelen kaipauksella Saksan vuottani ja kadehdin vikkeliä jalkojani, jotka juoksuttivat tilauksia asiakkaille. Olen unohtanut harmaat hetket, yksinäisyyden tunteen ja koti-ikävän. On jäänyt muisto auringonpaisteesta, hauskoista tuttavuuksista värittämässä arkipäivää. Kaufhofissa näkemäni ihanat tavarat ja niiden kiehtoiva tunnelma jäivät ikuisesti mieleeni. Ne viitoittivat tietä myöhemmälle työurallen yrittäjänä ja putiikinpitäjänä.

Aika on todella rientänyt. Annegret on muuttanut Etelä-Saksaan. Café am Schlossia ei enää ole. Ehkä tilaan jossain Martini Biancon ja muistelen samalla Annegretia, Ulia, Mauriziota, Carloa ja monia muita. Missä mahtavat olla?

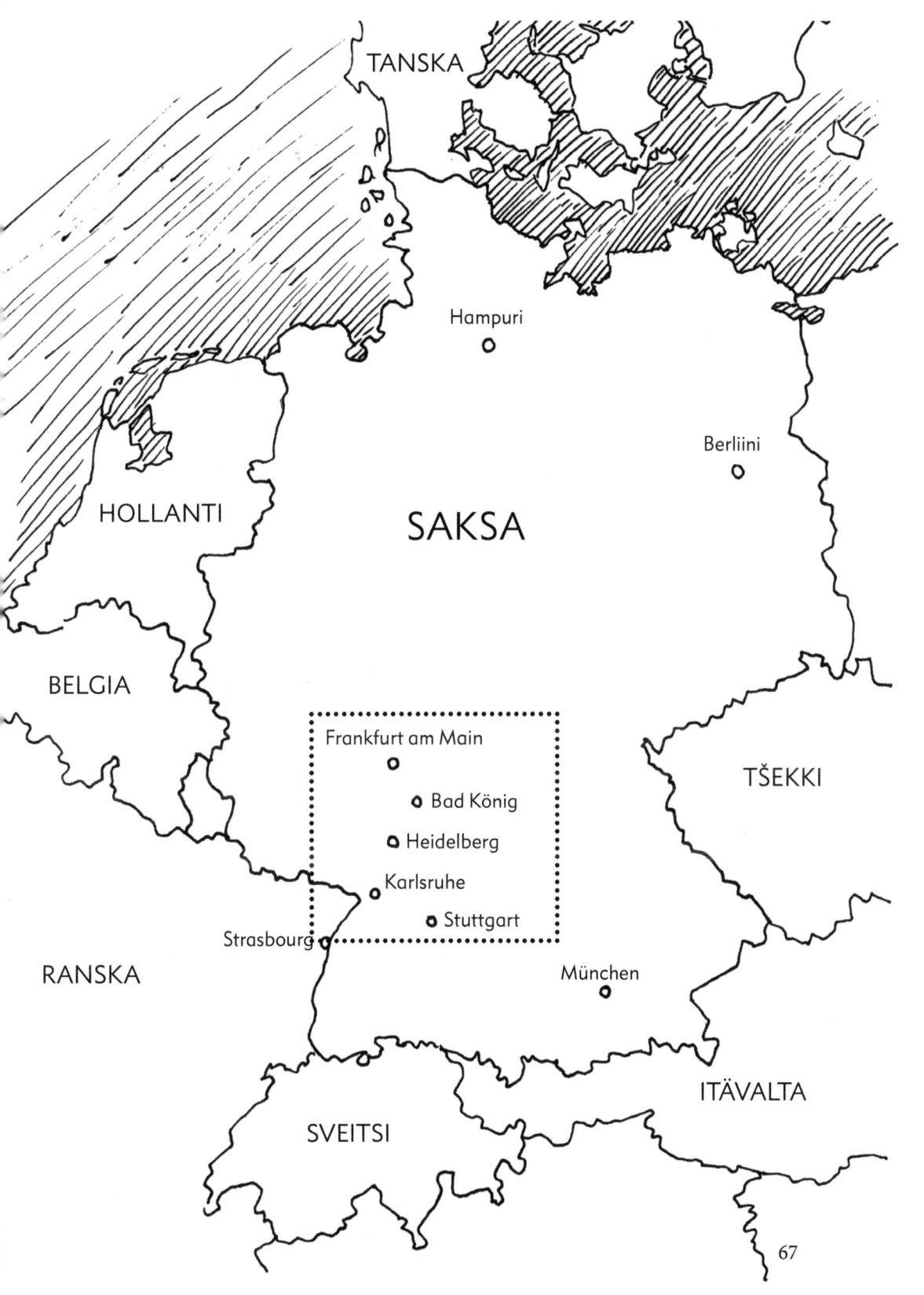

TANSKA

Hampuri

Berliini

HOLLANTI

SAKSA

BELGIA

Frankfurt am Main

Bad König

Heidelberg

Karlsruhe

Stuttgart

TŠEKKI

Strasbourg

RANSKA

München

ITÄVALTA

SVEITSI